Lust auf Land
Gemüseküche

Unser Verlagsprogramm finden Sie unter www.christian-verlag.de

Produktmanagement: Annika Genning
Textredaktion, Satz und Umschlaggestaltung: bookwise medienproduktion GmbH

Fotografie: StockFood GmbH, München
Herstellung: Bettina Schippel
Repro: Repro Ludwig, Zell am See

Printed in Slovenia
by Korotan, Ljubljana

Die Deutsche Nationalbibliothek verzeichnet diese Publikation in der
Deutschen Nationalbibliografie; detaillierte bibliografische Daten sind im Internet über
http://dnb.d-nb.de abrufbar.

ISBN 978-3-86244-124-2

Alle Angaben in diesem Werk wurden sorgfältig recherchiert und auf den aktuellen Stand gebracht
sowie vom Verlag geprüft. Für die Richtigkeit der Angaben kann jedoch keinerlei Haftung
übernommen werden. Für Hinweise und Anregungen sind wir jederzeit dankbar.
Bitte richten Sie diese an:

Christian Verlag
Postfach 400209
80702 München
E-Mail: lektorat@verlagshaus.de

Lust auf Land

Gemüseküche

CHRISTIAN

Inhalt

Vorwort

Gemüse liegt im Trend – und das nicht erst seit heute. Auch die traditionelle Küche vom Land kennt viele Gerichte, in denen Gemüse die Hauptrolle spielt.

Knollen, Wurzeln und Rüben sind nicht nur beliebt, weil sie vielseitig zu verwenden sind: als kräftige Aromaten für Eintöpfe und Suppen, als schmackhafte Beilage oder abwechslungsreich kombinierbares Hauptgericht. Allein die Kartoffel kann unzählige Formen annehmen: im Ganzen gekocht als Pellkartoffel oder zerstampft im Püree, geraspelt und frittiert als Puffer, in Scheiben im Gratin oder kalt serviert als Kartoffelsalat. Auch Rüben, wie die Teltower Rübchen oder die altbekannte Steckrübe, werden neu entdeckt und bereichern den Speiseplan. Der größte Vorteil aber der Wurzelgemüsesorten: Man kann sie lange auf Vorrat lagern, und so sind sie auch im Winter wichtige Vitaminspender.

Vor allem in den warmen Jahreszeiten greifen wir gerne zu frischen Blättern und Stängeln. Knackige Salate wie Eichblatt oder Lollo rosso lassen sich wunderbar mit gegrillter Hähnchenbrust, Obst und einem leichten Dressing als Hauptgericht servieren. Kräuter wie Kerbel oder das weniger bekannte Gemüse Portulak bringen frisches Aroma in jedes Gericht. Und an den Geschmack von frischem Spinat kommt keine tiefgekühlte Variante heran.

Kohlgemüse sind wenig kälteempfindlich und gut zu lagern. Deshalb gibt es vor allem im Winter viele traditionelle Gerichte mit Kraut, zum Beispiel Schupfnudeln mit Sauerkraut, Krautwickel oder Rotkohl mit Apfel. Doch Weiß- und Rotkohl, Blumenkohl, Brokkoli, Rosenkohl und Wirsing schmecken das ganze Jahr über und machen auch als Salat eine gute Figur.

Zu Fruchtgemüse wie beispielsweise Tomaten und Kürbis greifen viele Köche nicht nur wegen ihrer intensiven Farbe, die Leben auf den Teller bringt. Auch der Geschmack von sonnengereiften Tomaten und saftigen Kürbissen steuert intensive Aromen bei. Wie bei allen Gemüsesorten gilt: Am besten schmecken sie, wenn sie Saison haben und frisch geerntet verarbeitet werden. Und wir können, nicht nur auf dem Land, fast das ganze Jahr über aus einer großen Gemüsevielfalt schöpfen.

Das gilt für Hülsenfrüchte nur zum Teil – denn sie lassen sich auch sehr gut trocknen. Besonders Eintöpfe sind mit getrockneten Linsen oder Bohnenkernen unkompliziert zuzubereiten. Ob mit Birnen, Fleisch oder Pfifferlingen – Hülsen- und Schalenfrüchte sind flexibel und haben sich schon seit Jahrtausenden als Lebensmittel bewährt.

Gemüse pur, mit Fleisch oder Käse, kalt, warm, roh oder gekocht zubereitet: Die Gemüseküche lädt zum unkomplizierten Genießen ein.

Wir wünschen Ihnen viel Freude beim Nachkochen!

Knollen, Wurzeln & Rüben

Kartoffelsalat

mit Radieschen und Kresse

ZUTATEN FÜR 4 PERSONEN

1 kg festkochende Kartoffeln

1 Zwiebel

etwa 200 ml Rinderbrühe

4 EL Branntweinessig

1 Prise Zucker

Salz

frisch gemahlener Pfeffer

4 EL Pflanzenöl

2 Essiggurken

50 g Radieschen

Kresse (zum Garnieren)

ZUBEREITUNGSZEIT: 20 MINUTEN
GARZEIT: 30 MINUTEN

1 Die Kartoffeln waschen und mit Schale etwa 30 Minuten gar kochen.

2 Die Zwiebel schälen, fein würfeln und mit der Brühe sowie dem Essig und dem Zucker aufkochen lassen.

3 Die Kartoffeln abgießen, schälen, ausdampfen lassen und in Scheiben schneiden. Die heiße Brühe mit den Zwiebeln darübergießen. Großzügig mit Salz und Pfeffer würzen. Alles gut vermengen und etwa 10 Minuten ziehen lassen.

4 Das Öl dazugeben, wieder alles vermengen und nochmals mit Salz und Pfeffer abschmecken. Den Kartoffelsalat in eine Schüssel füllen.

5 Die Essiggurken in dünne Streifen schneiden. Die Radieschen putzen, waschen und in dünne Scheiben schneiden oder hobeln. Zusammen mit der Kresse auf den Kartoffelsalat geben und mit frischem Pfeffer bestreut servieren.

Bunte Ofenkartoffeln

1 Den Backofen auf 200 °C (Ober- und Unterhitze) vorheizen.

2 Den Speck in Streifen schneiden. Den Rosmarin waschen, trocken schütteln und klein zupfen. Die Zwiebel schälen und in feine Streifen schneiden.

3 Die Kartoffeln waschen und mit der Schale in Spalten schneiden. Mit der Zwiebel, dem Speck und dem Rosmarin in einer Schüssel mischen.

4 Die Kartoffeln auf ein geöltes Backblech verteilen, mit Salz und Pfeffer bestreuen, mit etwas Olivenöl beträufeln und im vorgeheizten Ofen 30–35 Minuten backen. Dabei gelegentlichen wenden. Die fertigen Kartoffeln herausnehmen, in Schälchen anrichten und servieren.

ZUTATEN FÜR 4 PERSONEN

150 g geräucherter Bauchspeck (in Scheiben)

2 Zweige Rosmarin · 1 Zwiebel

300 g gelbe, festkochende Kartoffeln

300 g rote, festkochende Kartoffeln

300 g violette Trüffelkartoffeln

Pflanzenöl (zum Einfetten für das Blech)

Salz · frisch gemahlener Pfeffer · 2 EL Olivenöl

ZUBEREITUNGSZEIT: 30 MINUTEN
BACKZEIT: 35 MINUTEN

TIPP

Probieren Sie zur Abwechslung eine der 400 Sorten der bei uns heimischen Kartoffeln mit roter Schale (z. B. Laura). Die violette Trüffelkartoffel ist eine seltene, alte Kartoffelsorte aus Bolivien und Peru, der ursprünglichen Heimat der Kartoffel. Sie wird auch in Europa kultiviert und ähnelt im Geschmack der Esskastanie.

Kartoffelgratin
mit Majoran

1 Den Backofen auf 180 °C (Ober- und Unterhitze) vorheizen.

2 Die Kartoffeln schälen, waschen und in hauchdünne Scheiben schneiden oder hobeln. Die Scheiben dachziegelartig in eine gebutterte Auflaufform schichten, dabei jede Schicht mit Salz und Pfeffer bestreuen.

3 Die Kartoffeln mit Weißwein und Brühe begießen, sodass sie fast vollständig bedeckt sind. Mit dem Majoran bestreuen.

4 Die Butter in Flöckchen auf dem Gratin verteilen und im vorgeheizten Ofen 30–35 Minuten goldbraun backen. Aus dem Ofen nehmen und noch heiß servieren.

ZUTATEN FÜR 4 PERSONEN

800 g festkochende Kartoffeln

Butter (für die Form) · Salz

frisch gemahlener Pfeffer

100 ml trockener Weißwein

400 ml Gemüsebrühe

4 Stängel Majoran

50 g Butter

ZUBEREITUNGSZEIT: 30 MINUTEN
BACKZEIT: 35 MINUTEN

Kartoffelsoufflé

ZUTATEN FÜR
4 FÖRMCHEN À 250 ML

500 g mehligkochende Kartoffeln

Salz

Butter (für die Förmchen)

200 g Filoteig

1 Zwiebel

40 g Butter

125 g Quark

2 Eier

8 Stängel Majoran

60 g frisch geriebener Bergkäse

frisch gemahlener Pfeffer

frisch geriebene Muskatnuss

ZUBEREITUNGSZEIT: 25 MINUTEN
GARZEIT: 55 MINUTEN

1 Die Kartoffeln waschen und mit Schale in Salzwasser etwa 30 Minuten gar kochen. Anschließend abgießen, schälen und durch eine Kartoffelpresse drücken. Gut ausdampfen und etwas abkühlen lassen.

2 Den Backofen auf 180 °C (Ober- und Unterhitze) vorheizen. Die Souffléförmchen mit Butter einfetten.

3 Zwei Schichten Filoteig übereinanderlegen und in Quadrate von etwa 15 x 15 cm ausschneiden. Die Förmchen damit auslegen und mit Butter bestreichen.

4 Die Zwiebel schälen, fein würfeln und in der heißen Butter in einer Pfanne glasig dünsten. Etwas abkühlen lassen.

5 Den Quark gut abtropfen lassen und in eine Schüssel geben. Die Eier trennen. Die Eiweiße steif schlagen. Vier Majoranstängel waschen, abzupfen und die Blättchen fein hacken. Den gehackten Majoran mit dem Quark, 40 g Bergkäse, den Eigelben und Zwiebeln unter die durchgedrückten Kartoffeln mengen. Vorsichtig den steifen Eischnee unterheben. Mit Salz, Pfeffer und Muskat abschmecken.

6 Die Kartoffelmasse in die Förmchen füllen und mit dem restlichen Bergkäse bestreuen. Auf mittlerer Schiene etwa 25 Minuten goldbraun backen. Vor dem Servieren das Kartoffelsoufflé mit den restlichen Majoranstängeln garnieren.

Kartoffelrösti
nach Berner Art

1 Die Kartoffeln grob raspeln und mit Salz und Pfeffer würzen.

2 Das Butterschmalz in einer (beschichteten) Pfanne erhitzen. Die Kartoffeln hineingeben und mit dem Pfannenwender zu einem Kuchen formen. Mit der Milch beträufeln und zugedeckt bei sehr schwacher Hitze in etwa 30 Minuten knusprig braten.

3 Mithilfe des Pfannendeckels oder eines Tellers die Rösti vorsichtig wenden und auf der anderen Seite kurz, bei etwas höherer Hitze, knusprig braten. Heiß servieren.

ZUTATEN FÜR 4 PERSONEN

1 kg gegarte Kartoffeln vom Vortag

Salz

frisch gemahlener Pfeffer

3 EL Butterschmalz

2 EL Milch

ZUBEREITUNGSZEIT: 40 MINUTEN

TIPP

Rösti sind die klassische Beilage zu einem Schweizer Nationalgericht, dem Zürcher Geschnetzelten. Die Zürcher Rösti-Variante wird allerdings mit rohen Kartoffeln zubereitet. Mit Zwiebeln, Speck, Äpfeln oder Käse verfeinert, kann man Rösti sowohl als süßes als auch als deftiges Gericht genießen.

Kartoffelpuffer

mit Petersilienwurzel

1 Die Kartoffeln und Petersilienwurzeln schälen und grob raspeln. Die Kartoffelraspeln gut ausdrücken und mit der Petersilienwurzel, Stärke, Ei und Mehl vermengen. Mit Salz, Pfeffer und Muskat abschmecken.

2 Die Petersilie waschen und trocken schütteln. Die Blätter abzupfen, fein hacken und unter die Kartoffelmasse mischen.

3 In einer Pfanne das Öl heiß werden lassen. Je 1 Esslöffel der Masse in die Pfanne geben und flach drücken. Die Puffer 3–5 Minuten goldbraun anbraten, wenden und weitere 3–5 Minuten braten. Anschließend die Puffer herausnehmen und vor dem Servieren auf einem Teller mit Küchenkrepp abtropfen lassen.

ZUTATEN FÜR 4 PERSONEN

400 g Kartoffeln · 400 g Petersilienwurzeln

30 g Stärke · 1 Ei

100 g Mehl

Salz · frisch gemahlener Pfeffer

frisch geriebene Muskatnuss

2 Stängel Petersilie

3 EL Pflanzenöl

ZUBEREITUNGSZEIT: 30 MINUTEN
GARZEIT: 10 MINUTEN

Bunter Gemüsetopf
mit Rindfleisch

ZUTATEN FÜR 4 PERSONEN

Für die Brühe

750 g Rindfleisch,
(z. B. Querrippe oder Hochrippe)

2 Knochen mit Mark

1 Zwiebel

1 Bund Suppengemüse (Karotte,
Lauch, Petersilienwurzel, Sellerie)

1 Bund glatte Petersilie

½ TL Salz

frisch gemahlener Pfeffer

Für den Eintopf

½ Blumenkohl,
in Röschen geteilt

3 Karotten

3 mehlig kochende Kartoffeln

200 g große Muschelnudeln

Salz

2 EL fein gehackter Dill

ZUBEREITUNGSZEIT: 45 MINUTEN
GARZEIT: 2 STUNDEN 30 MINUTEN

1 Für die Brühe das Fleisch und die Knochen kalt abwaschen. Die Zwiebel schälen und halbieren. Das Suppengemüse waschen und putzen bzw. schälen. Das Fleisch, die Zwiebel, das Suppengemüse und die Petersilie in einen großen Topf geben. Mit Salz und Pfeffer würzen, dann kaltes Wasser zugießen (mindestens 3 Liter), bis die Zutaten bedeckt sind.

2 Langsam bei niedriger Hitze erhitzen, aber noch nicht kochen lassen. Den aufsteigenden Schaum immer wieder mit einer Schaumkelle abschöpfen, damit die Suppe nicht trüb wird. Die Brühe zum Kochen bringen, dann die Hitze wieder reduzieren und 2 Stunden köcheln lassen.

3 Das Fleisch und die Knochen aus der Brühe nehmen und beiseite stellen. Die Brühe mit dem Gemüse durch ein Sieb passieren.

4 Die Blumenkohlröschen putzen, in kochendem Salzwasser 8–10 Minuten blanchieren und abtropfen lassen. Die Karotten schälen, in Würfel schneiden und in kochendem Salzwasser 5 Minuten garen. Die Kartoffeln waschen, schälen, würfeln und in kochendem Salzwasser 10 Minuten weich kochen.

5 Die Nudeln in reichlich Salzwasser bissfest garen. Das Suppenfleisch vom Knochen lösen und in kleine Würfel schneiden. Den blanchierten Blumenkohl, die Karotten und die Kartoffeln sowie das Suppenfleisch in die Brühe geben, kurz aufkochen lassen und den Topf vom Herd nehmen. Die Nudeln und den Dill kurz vor dem Servieren hineingeben. Mit Salz und Pfeffer abschmecken.

Zwiebelsuppe
mit Brezenscheiben

1 Die Zwiebeln schälen, halbieren und in Streifen schneiden.

2 Das Öl und 20 g Butter in einem breiten, hohen Topf erhitzen und die Zwiebelscheiben darin bei mittlerer Hitze etwa 10 Minuten langsam bräunen. Mit dem Weißwein ablöschen, etwas einkochen lassen und die Brühe angießen.

3 Die Knoblauchzehe schälen und im Ganzen mit den Lorbeerblättern und dem Zitronenabrieb in den Topf geben. Die Suppe 6–8 Minuten leise köcheln lassen. Mit Majoran, Salz und Cayennepfeffer abschmecken. Die Lorbeerblätter und den Knoblauch wieder entfernen.

4 Die Laugenstangen in dünne Scheiben schneiden und in einer Pfanne in der restlichen Butter von beiden Seiten kross und goldbraun braten.

5 Die Suppe mit der Petersilie bestreuen, dann mit den Brezenscheiben servieren.

ZUTATEN FÜR 4 PERSONEN

600 g Zwiebeln

1 EL Pflanzenöl · 60 g Butter

150 ml trockener Weißwein

1 l klare Fleischbrühe

1 Knoblauchzehe · 2 Lorbeerblätter

1 Msp. abgeriebene Schale von einer unbehandelten Zitrone

1 Prise getrockneter Majoran

Salz · Cayennepfeffer

150 g Laugenstangen oder Brezen (vom Vortag, damit sie Flüssigkeit besser aufnehmen können; ohne Salz)

1 EL gehackte Petersilie

ZUBEREITUNGSZEIT: 30 MINUTEN
KOCHZEIT: 20 MINUTEN

Kartoffelteigtaschen
mit Zwiebelfüllung

1 Das Mehl auf eine Arbeitsfläche häufen und in der Mitte eine Mulde formen. Die Eier, ½ TL Salz sowie nach Bedarf etwas Wasser zugeben und alles zu einem festen, glatten Teig verkneten. Diesen in Frischhaltefolie wickeln und etwa 30 Minuten ruhen lassen.

2 Für die Füllung die Kartoffeln waschen und in Salzwasser etwa 30 Minuten gar kochen. Anschließend schälen und durch eine Kartoffelpresse drücken.

3 Die Schalotten schälen, fein würfeln und in einer Pfanne in der Butter goldgelb anschwitzen. Die Zwiebeln mit dem Quark und dem Eigelb unter die Kartoffeln mengen und mit Salz und Pfeffer würzen.

4 Den Teig auf einer bemehlten Arbeitsfläche dünn ausrollen. Mit einem Ausstecher Kreise von 6–8 cm Durchmesser ausstechen. In die Mitte eines jeden Teigkreises 1 gehäuften Teelöffel von der Füllung geben, dann den Teig zu Halbmonden zusammenklappen und die Ränder sorgfältig andrücken. Nach Belieben mit einer Gabel entlang der Ränder Muster eindrücken. Die Kartoffeltaschen in heißem Salzwasser etwa 5 Minuten sieden lassen, dann herausnehmen und abtropfen lassen.

5 Den Speck in Streifen schneiden. Die Zwiebeln schälen und ebenfalls in feine Streifen schneiden. In einer Pfanne das Butterschmalz erhitzen und den Speck zusammen mit den Zwiebeln unter gelegentlichem Rühren goldbraun anbraten.

6 In einem Topf das Öl erhitzen und die Kartoffeltaschen goldbraun frittieren. Die Taschen mit einer Siebkelle herausnehmen und auf Küchenkrepp abtropfen lassen.

7 Die Kartoffelteigtaschen mit den Zwiebeln auf vorgewärmten Tellern anrichten und mit frischer Petersilie garniert servieren.

ZUTATEN FÜR 4 PERSONEN

Für den Teig:

400 g Mehl · 4 Eier · Salz

Für die Füllung:

400 g mehlig kochende Kartoffeln

2 Schalotten · 2 EL Butter · 200 g Quark

1 Eigelb · Salz · bunter, frisch gemahlener Pfeffer

100 g geräucherter Bauchspeck (in Scheiben)

3 Zwiebeln · 2 EL Butterschmalz

500 ml Pflanzenöl (zum Frittieren)

2 EL Petersilienblättchen (zum Garnieren)

ZUBEREITUNGSZEIT: 30 MINUTEN
RUHEZEIT: 30 MINUTEN
GARZEIT: 10 MINUTEN

Kartoffelsuppe
mit Pfifferlingen

1 Die Kartoffeln sowie die Karotten waschen und schälen. Die Kartoffeln in mundgerechte Stücke würfeln und die Karotten in Scheiben schneiden.

2 Die Pfifferlinge putzen und bei Bedarf klein schneiden.

3 Den Lauch putzen, längs halbieren, waschen und quer in Streifen schneiden.

4 Die Pilze in 2 Esslöffeln heißem Öl anbraten und wieder aus dem Topf nehmen. Das restliche Öl dazugeben und darin den Lauch sowie die Kartoffeln kurz anschwitzen. Mit der Brühe ablöschen. Etwa 15–20 Minuten bei geringer Hitze gar köcheln lassen.

5 Die Pilze und den Dill einrühren und mit Salz und Pfeffer abschmecken. Nach Belieben mit Dill garnieren.

ZUTATEN FÜR 4 PERSONEN

800 g festkochende Kartoffeln

200 g Karotten

400 g frische Pfifferlinge

1 Stange Lauch · 3 EL Pflanzenöl

800 ml Fleischbrühe

2 EL frisch gehackter Dill

Salz · frisch gemahlener Pfeffer

ZUBEREITUNGSZEIT: 15 MINUTEN
GARZEIT: 25 MINUTEN

TIPP

Wenn die Pilzsaison schon vorüber ist, können Sie auch getrocknete Pilze (z. B. auch Steinpilze) verwenden. Weichen Sie die getrockneten Pilze vor der Verwendung 15 Minuten in warmem Wasser ein. Braten Sie die Pilze mit Lauch und den Kartoffeln an und lassen Sie sie mitköcheln.

Radieschen-Wurst-Salat

1 Die Regensburger häuten, in dünne Scheiben schneiden und in eine Schüssel geben.

2 Für die Marinade die Brühe, den Senf, den Essig, Salz und Pfeffer vermengen. Das Öl unterrühren und über die Wurstscheiben geben. Die Wurstscheiben mindestens 2 Stunden durchziehen lassen.

3 Vor dem Servieren die Zwiebel schälen und in Ringe schneiden. Die Paprikaschoten waschen, halbieren, die Samen und Scheidewände entfernen und klein würfeln. Die Essiggurken in Scheiben schneiden. Die Salatgurke waschen, längs vierteln und in Stücke schneiden. Alles mit dem Schnittlauch unter den Salat heben. Noch mal abschmecken. Die Radieschen putzen, waschen, in Scheiben schneiden und zum Wurstsalat reichen.

4 Nach Belieben mit saurer Sahne abrunden und frisches Brot dazu reichen.

ZUTATEN FÜR 4 PERSONEN

Regensburger Würste oder 1 Lyoner (800 g)

Für die Marinade

150 ml lauwarme Fleischbrühe

1 TL scharfer Senf · 2–3 EL Rotweinessig · Salz

frisch gemahlener Pfeffer · 3 EL Keimöl

1 Zwiebel

2 Paprikaschoten (z. B. orange und grün)

2 Essiggurken · ½ Salatgurke · 8 Radieschen

2 EL Schnittlauchröllchen

ZUBEREITUNGSZEIT: 20 MINUTEN
ZIEHZEIT: 2 STUNDEN

Sellerieeintopf

mit Rindfleisch

ZUTATEN FÜR 4 PERSONEN

600 g Rindfleisch (Schulter)

1 Zwiebel

1 Knoblauchzehe

600 g Knollensellerie

2 EL Pflanzenöl

250 g gestückelte Tomaten
(aus der Dose)

1,2 l Fleischbrühe

2 Lorbeerblätter

2 Pimentkörner

Salz

frisch gemahlener Pfeffer

100 g getrocknete Aprikosen

1 EL frisch gehackter Rosmarin

1 Spritzer Zitronensaft

ZUBEREITUNGSZEIT: 40 MINUTEN
GARZEIT: 1 STUNDE 10 MINUTEN

1 Das Fleisch waschen, trocken tupfen, gegebenenfalls parieren und in mundgerechte Würfel schneiden.

2 Die Zwiebel sowie den Knoblauch schälen und beides fein hacken. Den Sellerie schälen, waschen und in kleine Würfel schneiden.

3 In einem Topf das Öl erhitzen und das Fleisch rundherum scharf anbraten. Die Zwiebel und den Knoblauch zufügen und kurz mit anschwitzen. Die Tomaten und die Brühe angießen, Lorbeerblätter und Pimentkörner unterrühren. Mit Salz und Pfeffer würzen. Bei mittlerer Hitze 40–45 Minuten köcheln lassen.

4 Die Aprikosen in Würfel schneiden, mit dem Rosmarin und dem Sellerie zu der Suppe geben und weitere 15–20 Minuten köcheln lassen.

5 Die Suppe noch einmal mit Salz und Pfeffer abschmecken, nach Belieben mit einem Spritzer Zitronensaft verfeinern und in vorgewärmten Suppentellern angerichtet servieren.

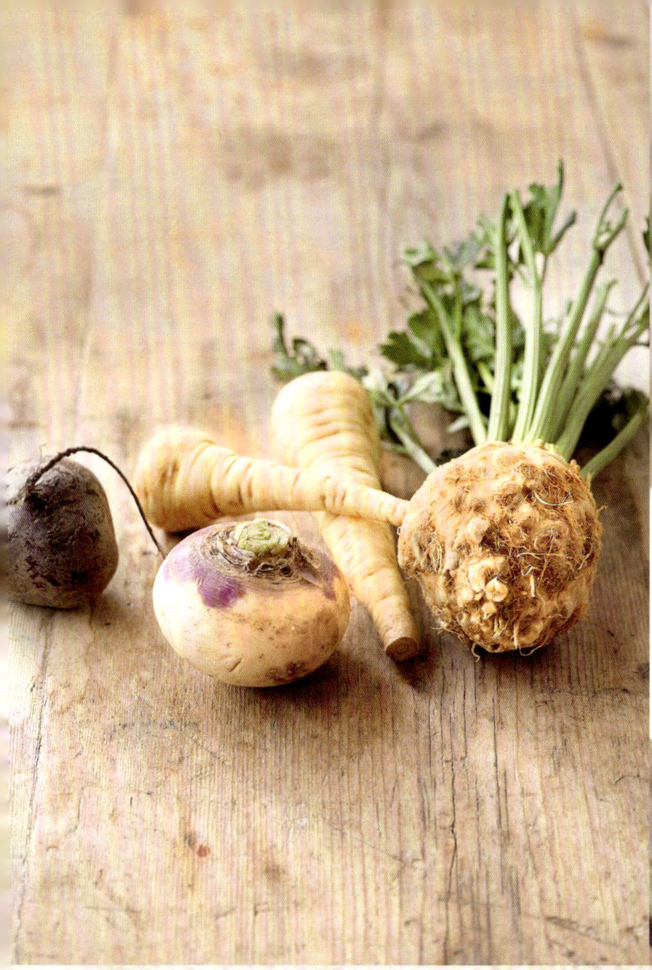
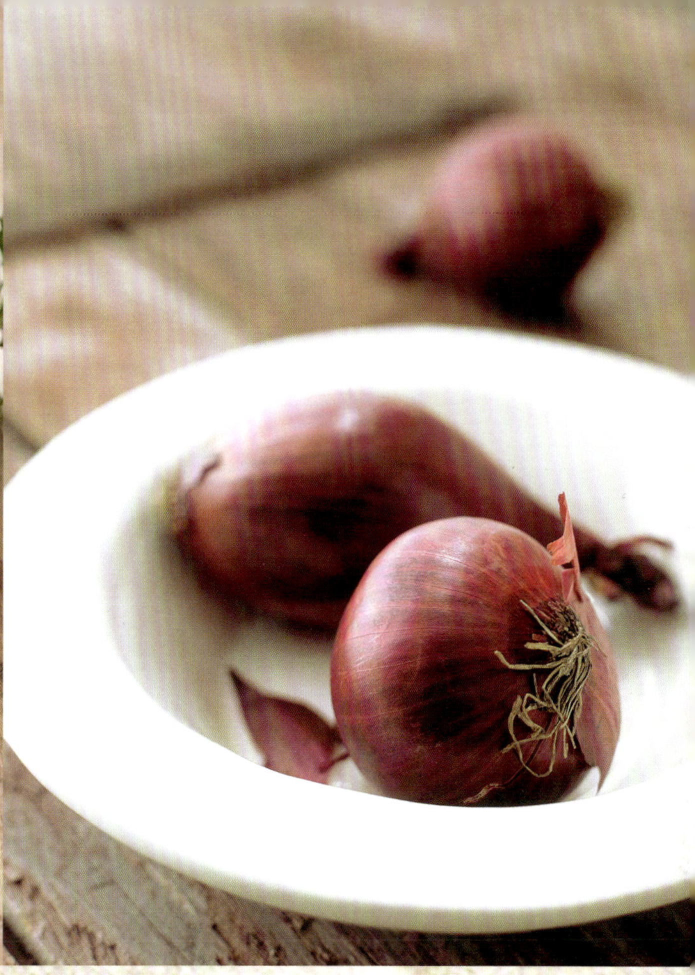
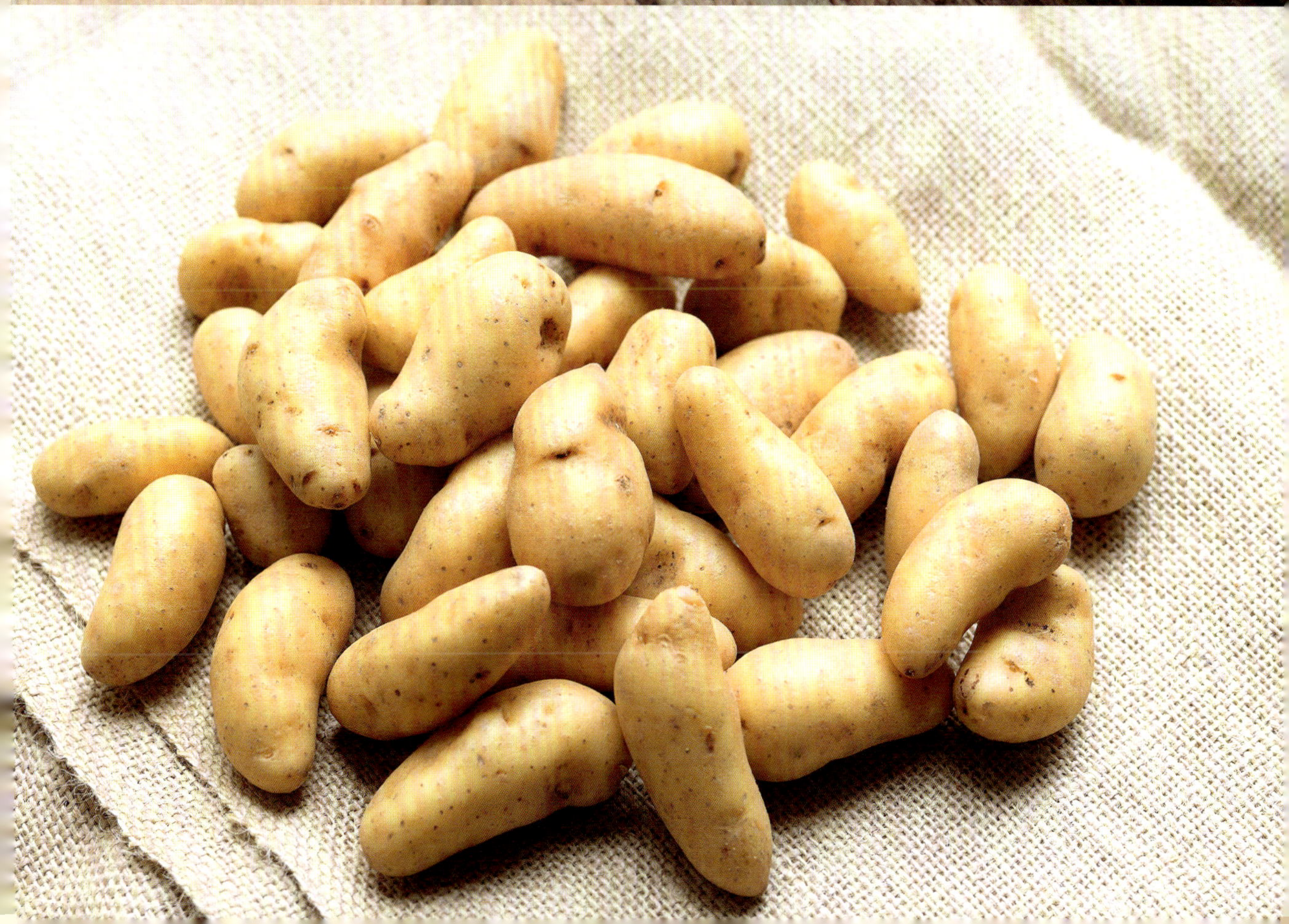

Kohlrabi-Karotten-Gratin
mit Kerbel-Käse-Creme

ZUTATEN FÜR 4 PERSONEN

500 ml Gemüsebrühe · 3 Kohlrabi · 3 Karotten

100 ml Sahne (mindestens 30 % Fett)

2–3 EL Zitronensaft · frisch gemahlener Pfeffer

100 g geriebener Gouda oder Emmentaler

2 Eier · 1 Msp. frisch geriebene Muskatnuss

1 Bund Kerbel · Pflanzenöl (für die Form)

125 g Mozzarella

2–3 EL Sonnenblumen- oder Pinienkerne

Kerbel (zum Garnieren)

ZUBEREITUNGSZEIT: 25 MINUTEN
GARZEIT: 40 MINUTEN

1 Die Gemüsebrühe zum Kochen bringen. Den Kohlrabi schälen und in etwa 1 cm dicke Scheiben schneiden. Die Karotten schälen und der Länge nach in feine Scheiben hobeln. Die Kohlrabischeiben etwa 8 Minuten in der Brühe garen. Anschließend herausnehmen, kalt abschrecken und abtropfen lassen. Danach die Karottenstreifen etwa 2 Minuten in der Brühe garen, herausnehmen und abschrecken.

2 Die Brühe auf 250 ml einkochen. Die Sahne und den Zitronensaft unterrühren und mit Pfeffer abschmecken. Den geriebenen Käse dazugeben, in der Brühe schmelzen lassen. Die Eier verquirlen und einrühren. Die Käsecreme mit Muskat abschmecken.

3 Den Kerbel waschen, trocken schütteln, einige Blättchen für die Garnitur beiseitelegen. Den Rest fein hacken und unter die Käsecreme ziehen.

4 Eine große Auflaufform dünn mit Öl ausstreichen. Den Backofen auf 200 °C (Umluft) vorheizen.

5 Die Karottenstreifen auf dem Boden der Form verteilen und mit ein paar Löffeln Käsesauce beträufeln. Die Kohlrabischeiben dachziegelartig in die Form schichten und mit dem Rest der Sauce übergießen. Im vorgeheizten Backofen (mittlere Schiene) etwa 20 Minuten backen.

6 Inzwischen den Mozzarella in Scheiben schneiden. Das Gratin damit belegen, mit Sonnenblumenkernen bestreuen und nochmals im Backofen 8–10 Minuten goldbraun überbacken. Mit Kerbel garniert servieren.

Gefüllte Kohlrabi

1 Den Weizen über Nacht einweichen. Das Wasser abgießen und den Weizen abtropfen lassen.

2 Den Ofen auf 160 °C (Ober- und Unterhitze) vorheizen.

3 Die Kohlrabi schälen, das junge Grün beiseitelegen. Das obere Viertel von den Knollen abschneiden und die Kohlrabi aushöhlen. Dabei einen 1 cm breiten Rand stehen lassen. Das Kohlrabifleisch fein würfeln.

4 Die Zwiebel schälen und klein würfeln. Den Spinat putzen, waschen und in kochendem Salzwasser kurz blanchieren. Abschrecken, ausdrücken und grob hacken. Mit den Weizenkörnern, der Zwiebel, der Hälfte der gewürfelten Kohlrabi, 2 Esslöffeln Crème fraîche und dem Käse vermengen. Die Masse in die ausgehöhlten Kohlrabi füllen und diese in eine Auflaufform setzen.

5 Die Tomaten heiß überbrühen, abschrecken, häuten, vierteln und entkernen. Die Kohlblätter putzen, waschen und in Streifen schneiden. Den Knoblauch schälen, in Scheiben schneiden und zusammen mit den Tomaten, dem Kohl, Thymian und dem restlichen gewürfelten Kohlrabi vermengen. Mit Salz, Pfeffer und Muskat würzen.

6 Die Tomatenmischung um die Kohlrabi herum verteilen und ein wenig Brühe angießen. Im Ofen etwa 45 Minuten weich schmoren lassen. Nach Bedarf noch Brühe angießen und die Kohlrabi damit ab und zu übergießen. Sollten die Kohlrabi zu dunkel werden, mit Alufolie abdecken.

7 Abschließend die restliche Crème fraîche in die Sauce rühren, mit Salz und Pfeffer abschmecken. Die Kohlrabi mit der Sauce und dem gehackten Kohlrabigrün bestreut servieren.

ZUTATEN FÜR 4 PERSONEN

60 g Weizenkörner · 4 große Kohlrabi

1 Zwiebel · 1 Handvoll Spinat

Salz · 4 EL Crème fraîche

4 EL frisch geriebener Parmesan

6 Tomaten · 4 Blätter Weißkohl

1 Knoblauchzehe · 1 TL getrockneter Thymian

frisch gemahlener Pfeffer

frisch geriebene Muskatnuss

etwa 200 ml Gemüsebrühe

EINWEICHZEIT: 12 STUNDEN
ZUBEREITUNGSZEIT: 40 MINUTEN
GARZEIT: 45 MINUTEN

Steckrübenschmalz

1 Den Speck und das Gänsefett fein würfeln, in einem Topf langsam erhitzen und auslassen.

2 Die Äpfel schälen, vierteln und das Kerngehäuse entfernen. Die Apfelschnitze in etwa ½ cm große Stücke schneiden.

3 Die Steckrüben und die Zwiebeln schälen, beides klein würfeln und im heißen Speck-Gänse-Fett weich dünsten. Die Apfelwürfel dazugeben und bei mittlerer Hitze etwa 5 Minuten braten. Die so entstandenen Speckgrieben sollen dabei nur hellbraun werden. Den Topf vom Herd nehmen, das Schmalz mit Salz, reichlich Pfeffer und Majoran würzen.

4 Das Schmalz etwas abkühlen lassen, in einen Steingut- oder Porzellantopf gießen und ganz auskühlen lassen. Kurz vor dem Erstarren nochmals durchrühren, damit sich Steckrüben, Grieben, Äpfel und Zwiebel gleichmäßig verteilen.

5 Das Schmalz in Gläser füllen, gut verschlossen und dunkel lagern. Nach dem Öffnen im Kühlschrank aufbewahren. So hält es sich einige Wochen.

ZUTATEN FÜR 3 GLÄSER À 500 G

500 g geräucherter Schweinespeck

500 g Gänsefett

2 Äpfel · 400 g Steckrüben

2 große Zwiebeln

Salz · frisch gemahlener weißer Pfeffer

1 EL Majoranblättchen

ZUBEREITUNGSZEIT: 45 MINUTEN

TIPP

Am besten schmeckt das Steckrübenschmalz auf frischem Graubrot. Sie können mit dem Schmalz aber auch Eintöpfe oder Bratensaucen verfeinern. Zum Anbraten von Fleisch oder Gemüse ist es allerdings nicht geeignet.

Steckrübensalat

mit Sahnedressing

1 Für den Salat die Steckrüben und den Apfel schälen. Die Steckrüben in feine Stifte schneiden oder hobeln. Den Apfel in dünne Spalten schneiden.

2 Die Orangen filetieren und dabei den Saft auffangen. Die Trauben waschen und nach Belieben halbieren und entkernen. Mit den Steckrüben, Äpfeln und Orangen in eine Schüssel geben.

3 Für das Dressing die Sahne mit der sauren Sahne, Balsamicoessig, Orangensaft, Meerrettich und Schnittlauch verrühren und mit Salz abschmecken. Das Dressing mit den Salatzutaten vermengen und den Steckrübensalat in einer Schale servieren.

ZUTATEN FÜR 4 PERSONEN

Für den Salat:

600 g Steckrüben · 1 Apfel

2 unbehandelte Orangen

100 g rote Weintrauben

Für das Dressing:

75 ml Sahne (mindestens 30 % Fett)

2 EL saure Sahne · 2 EL weißer Balsamicoessig

1 TL geriebener Meerrettich

2 EL Schnittlauchröllchen · Salz

ZUBEREITUNGSZEIT: 25 MINUTEN

Hühnersuppe
mit Steckrüben

ZUTATEN FÜR 4 PERSONEN

1 Suppenhuhn (etwa 1,2 kg)

2 Lorbeerblätter

2 Pimentkörner

Salz

1 Karotte

1 Steckrübe (etwa 500 g)

1 Stange Lauch

frisch gemahlener Pfeffer

2 EL Schnittlauchröllchen

4 Petersilienblättchen
(zum Garnieren)

ZUBEREITUNGSZEIT: 30 MINUTEN
GARZEIT: 1 STUNDE 15 MINUTEN

1 Das Suppenhuhn waschen und trocken tupfen. Das Huhn mit den Lorbeerblättern und den Pimentkörnern sowie einer guten Prise Salz in einen hohen Topf geben. Mit kaltem Wasser gut bedecken. Das Ganze zum Kochen bringen und bei mittlerer Hitze etwa 1 Stunde köcheln lassen.

2 Zwischenzeitlich die Karotte, die Steckrübe und den Lauch waschen, schälen beziehungsweise putzen und in mundgerechte Stücke schneiden.

3 Das fertig gegarte Huhn aus der Suppe nehmen. Die Brühe durch ein Sieb passieren, 1 Liter abnehmen und in einem anderen Topf erhitzen. Das Gemüse in diesem Topf mit Brühe etwa 15 Minuten weich köcheln.

4 Inzwischen das Fleisch von den Knochen lösen, die Haut entfernen und ebenfalls in mundgerechte Stücke teilen. Das Fleisch mit den weichen Gemüsestücken wieder in die Brühe geben.

5 Die Suppe mit Salz und Pfeffer abschmecken und in vorgewärmten Suppentellern anrichten. Mit Schnittlauchröllchen und Petersilie garniert servieren.

Meerrettichsuppe

mit Speckstreifen

ZUTATEN FÜR 4 PERSONEN

100 g Frühstücksspeck
(in Scheiben)

20 g Butter

1 Schalotte

1 Knoblauchzehe

1 Stück Meerrettich (etwa 4 cm)

1–2 EL Mehl

600 ml Gemüsebrühe

200 ml Sahne,
(mindestens 30 % Fett)

Salz

frisch gemahlener Pfeffer

frisch geriebene Muskatnuss

Petersilienblättchen
(zum Garnieren)

ZUBEREITUNGSZEIT: 30 MINUTEN
GARZEIT: 20 MINUTEN

1 Den Speck in feine Streifen schneiden. Die Butter in einem Topf zerlassen und den Speck darin knusprig anbraten. Diesen anschließend herausnehmen und auf Küchenkrepp abtropfen lassen.

2 Die Schalotte und den Knoblauch schälen, beides fein würfeln. Den Meerrettich schälen und fein reiben. Die Schalotte mit dem Knoblauch in dem Speckfett glasig anschwitzen. Mit dem Mehl bestauben, kurz Farbe nehmen lassen und unter Rühren die Brühe angießen. Mithilfe eines Schneebesens kräftig umrühren, damit sich keine Klumpen bilden. Den Meerrettich dazugeben und bei mittlerer Hitze etwa 10 Minuten köcheln lassen.

3 Die Sahne unterrühren und mit Salz, Pfeffer sowie Muskat abschmecken. Die Suppe in vorgewärmte Schälchen füllen und mit den Speckstreifen sowie Petersilienblättchen garniert servieren.

TIPP

Keine Angst vor frischem Meerretich: Durch das Kochen verliert der Meerrettich seine stechende Schärfe und schmeckt milder.

Gemüse-Fleisch-Eintopf

ZUTATEN FÜR 4 PERSONEN

Für die Brühe:

1 Bund Suppengemüse (Karotte, Lauch, Petersilienwurzel, Knollensellerie)

1 Zwiebel

3 Tomaten

300 g Rindfleisch (Suppenfleisch)

200 g Suppenknochen

1 Lorbeerblatt

1 TL Pfefferkörner

Salz

Für die Einlage:

250 g festkochende Kartoffeln

200 g Karotten

200 g Knollensellerie

200 g Weißkohl

1 Stange Lauch

2 Stängel Liebstöckel

2 Stängel Blattpetersilie

2 EL Pflanzenöl

frisch gemahlener Pfeffer

ZUBEREITUNGSZEIT: 40 MINUTEN
GARZEIT: 2 STUNDEN 30 MINUTEN

1 Für die Brühe das Suppengemüse und die Zwiebel schälen, beides in grobe Stücke schneiden. Die Tomaten waschen, halbieren und zusammen mit dem Gemüse in einen Topf geben.

2 Das Fleisch und die Knochen waschen, gemeinsam in den Topf geben. Mit 1,5 Liter kaltem Wasser aufgießen. Das Lorbeerblatt, die Pfefferkörner und 1 Teelöffel Salz hinzufügen. Das Wasser bei geringer bis mittlerer Hitze langsam zum Kochen bringen. Den Deckel leicht schräg auf den Topf legen, die Herdplatte auf niedrigste Temperatur stellen und alles etwa 2 Stunden leicht simmern lassen.

3 Das Fleisch aus der Brühe nehmen, abtropfen lassen und für die Einlage in kleine Würfel schneiden. Die Brühe durch ein mit einem Küchentuch ausgelegtes Sieb passieren. Die Brühe abkühlen lassen und das Fett abschöpfen.

4 Für die Einlage die Kartoffeln, Karotten und den Sellerie schälen. Die Kartoffeln in Scheiben und die Karotten sowie den Sellerie in kleine Würfel schneiden. Den Kohl putzen, die äußeren Blätter entfernen, den Strunk herausschneiden und in feine Streifen schneiden oder hobeln. Den Lauch putzen, waschen, trocken schütteln und in schmale Ringe schneiden.

5 Den Liebstöckel und die Petersilie waschen, trocken schütteln und die Blättchen fein hacken.

6 In einem Topf das Öl erhitzen und das Gemüse kurz anschwitzen. Mit 1,4 Liter passierter Rinderbrühe auffüllen. Mit Salz und Pfeffer würzen und bei mittlerer Hitze 15–20 Minuten köcheln lassen. Das gewürfelte Fleisch sowie die Kräuter dazugeben, kurz erwärmen und servieren.

Schwarzwurzelauflauf

1 Die Schwarzwurzeln unter fließendem kalten Wasser gründlich waschen und bürsten. Anschließend mit einem Sparschäler schälen und in Stücke schneiden. Die Stücke in eine Schüssel mit Wasser und 1 Esslöffel Essig geben. Die Karotten ebenfalls schälen und schräg in dünne Scheiben schneiden.

2 Reichlich Wasser mit Salz und dem restlichen Essig zum Kochen bringen und die Karotten mit den Schwarzwurzeln darin in 20 Minuten gar kochen.

3 Den Backofen auf 200 °C (Ober- und Unterhitze) vorheizen. Die Crème fraîche, die Eigelbe, das Ei, die Petersilie, den Wein und die Hälfte des Käses vermengen. Mit Pfeffer und Muskat würzen.

4 Das Gemüse in eine gefettete Auflaufform schichten, mit der Eimasse übergießen und mit dem restlichen Käse bestreuen. Im vorgeheizten Backofen etwa 30 Minuten goldbraun backen. Aus dem Ofen nehmen und sofort servieren.

ZUTATEN FÜR 4 PERSONEN

1 kg frische Schwarzwurzel

2 EL Essig · 500 g Karotten · Salz

200 g Crème fraîche · 2 Eigelb · 1 Ei

2 EL Blattpetersilie, in Streifen geschnitten

125 ml trockener Weißwein

200 g Emmentaler, frisch gerieben

frisch gemahlener Pfeffer

frisch gemahlene Muskatnuss

Fett (für die Form)

ZUBEREITUNGSZEIT: 30 MINUTEN
GARZEIT: 50 MINUTEN

Teltower Rübchen

mit Kräuterfüllung

1 Die Rübchen waschen, schälen und die Wurzeln abschneiden. Die Rübchen in einen Topf geben, mit Wasser bedecken und zugedeckt 8–10 Minuten vorgaren, dann herausnehmen und abtropfen lassen. Zwischenzeitlich die Brötchen in einer Schüssel mit etwas lauwarmem Wasser einweichen.

2 Den Ofen auf 200 °C (Umluft) vorheizen.

3 Die Zwiebeln schälen und fein hacken. Die Karotten putzen, schälen und in sehr kleine Würfel schneiden. Die Kohlrabi schälen und raspeln. Die Petersilie waschen, trocken schütteln, die Blätter von den Stielen zupfen und hacken. 3 Esslöffel Öl in einer Pfanne erhitzen und darin die Zwiebel glasig dünsten. Ein Drittel der Petersilie, Karotten sowie Kohlrabi dazugeben und kurz andünsten.

4 Den Käse fein reiben. Die Eier mit Salz und Pfeffer, der restlichen Petersilie und den Gartenkräutern verquirlen, dann den Käse untermengen. Die Brötchen gut ausdrücken, zu der Eiermischung geben und alles gut verkneten. Das Gemüse mit dem Einweichwasser ablöschen.

5 Von den abgetropften Rübchen einen Deckel abschneiden und die Rübchen aushöhlen. Dabei einen 1 cm breiten Rand stehen lassen. Die Brötchen-Ei-Masse einfüllen. Die Deckel und das Innere der Rüben klein hacken und unter die restlichen ungekochten Karotten, den Kohlrabi und die Petersilie mischen.

6 Das Gemüse in einer Auflaufform verteilen. Die gefüllten Rübchen auf das Gemüsebett setzen, die Brühe angießen und im Backofen 25–30 Minuten gratinieren. Auf vorgewärmten Tellern anichten und sofort servieren.

ZUTATEN FÜR 4 PERSONEN

12–16 Teltower Rübchen (je nach Größe)

5 Brötchen (vom Vortag) · 2 Zwiebeln

2 Karotten · 2 Kohlrabi · 1 Bund Petersilie

6 EL Pflanzenöl · 125 g Gouda · 2 Eier

Salz · frisch gemahlener Pfeffer

2 EL gemischte Gartenkräuter, gehackt (z. B. Rosmarin, Thymian, Liebstöckel, Bärlauch)

250 ml Gemüsebrühe

ZUBEREITUNGSZEIT: 40 MINUTEN
GARZEIT: 45 MINUTEN

Schwarzwurzelgemüse

in Käsesauce

ZUTATEN FÜR 4 PERSONEN

Saft von 1 Zitrone

800 g Schwarzwurzeln

Salz

1 TL Zucker

3 EL Butter

2 EL Mehl

200 ml Sahne
(mindestens 30 % Fett)

100 g Schmelzkäse

frisch gemahlener Pfeffer

frisch geriebene Muskatnuss

2 Stängel Petersilie

ZUBEREITUNGSZEIT: 30 MINUTEN
GARZEIT: 25 MINUTEN

1 Den Zitronensaft mit etwa 400 ml Wasser in eine Schüssel geben. Die Schwarzwurzeln schälen, in etwa 8 cm lange Stücke schneiden und sofort in das Zitronenwasser legen. Anschließend die Schwarzwurzeln in kochendem Salzwasser mit 1 Teelöffel Zucker etwa 10 Minuten gar kochen. Mithilfe einer Siebkelle herausnehmen, gut abtropfen lassen und beiseite stellen.

2 In einem weiteren Topf die Butter erhitzen. Mit dem Mehl bestauben, umrühren, kurz anschwitzen und mit der Sahne und 400 ml Schwarzwurzelbrühe ablöschen. Mit einem Schneebesen kräftig umrühren, damit sich keine Klumpen bilden. Bei mittlerer Hitze etwa 10 Minuten köcheln lassen.

3 Den Käse dazugeben. Mit Salz, Pfeffer und Muskat abschmecken. Die Petersilie waschen, trocken schütteln, die Blätter abzupfen und fein hacken. Die Schwarzwurzelstücke in die Sauce geben, erwärmen und mit der Petersilie bestreuen. Im Topf servieren.

Selleriesuppe

ZUTATEN FÜR 4 PERSONEN

1 Zwiebel

500 g Knollensellerie

800 ml Hühnerbrühe

8 EL Olivenöl

4 Scheiben Weißbrot

60 g frisch geriebener Hartkäse
(Bergkäse oder Emmentaler)

Salz

frisch gemahlener Pfeffer

frisch geriebene Muskatnuss

½ Bund Petersilie

1 Handvoll Sellerieblätter

200 ml Sahne
(mindestens 30 % Fett)

ZUBEREITUNGSZEIT: 35 MINUTEN
GARZEIT: 30 MINUTEN

1 Die Zwiebel schälen und fein würfeln. Die Sellerieknollen schälen, waschen und grob würfeln. Die Hühnerbrühe erhitzen.

2 In einer Pfanne 3 Esslöffel Olivenöl erhitzen und darin die Zwiebel- und Selleriewürfel 1 Minute andünsten. Die heiße Hühnerbrühe aufgießen und 10 Minuten bei mittlerer Hitze kochen lassen.

3 Das Weißbrot entrinden. Zwei Scheiben grob würfeln, in die Suppe geben und noch weitere 10 Minuten kochen lassen. Zwei Drittel von dem Käse einrühren und die Suppe etwas abkühlen lassen. Die Suppe pürieren und mit Salz, Pfeffer und Muskat abschmecken.

4 Die Petersilie und die Sellerieblätter waschen, die Petersilienblätter abzupfen. Ein Viertel von der Suppe abschöpfen, die Kräuterblättchen hineingeben und alles fein pürieren. Das restliche Weißbrot in kleine Würfel schneiden und im übrigen Olivenöl knusprig rösten.

5 Die Sahne in die helle Suppe rühren und einmal aufkochen. Die grüne Kräutersuppe leicht erwärmen. Die helle Suppe auf vorgewärmte Suppenteller verteilen und etwas von der grünen Kräutersuppe jeweils in die Mitte träufeln. Mit den Weißbrotwürfeln und etwas Käse bestreut servieren.

Sellerie-Kartoffel-Salat
mit Apfel

ZUTATEN FÜR 4 PERSONEN

800 g festkochende Kartoffeln

Salz

1 Karotte

200 g Knollensellerie

1 Stange Lauch

250 ml kräftige Gemüsebrühe

frisch gemahlener Pfeffer

4 EL Weißweinessig

1 TL getrockneter Majoran

1 Apfel (z. B. Boskop)

150 g Fleischwurst

3 EL Sonnenblumenöl

ZUBEREITUNGSZEIT: 35 MINUTEN
GARZEIT: 30 MINUTEN
ZIEHZEIT: 20 MINUTEN

1 Die Kartoffeln schälen, waschen und in Salzwasser etwa 30 Minuten garen. Die Karotte und den Sellerie schälen und in feine Streifen schneiden. Den Lauch putzen, waschen und den weißen sowie den hellgrünen Teil in Ringe schneiden. Die Brühe aufkochen und das Gemüse darin etwa 4 Minuten garen.

2 Die Kartoffeln abgießen, und etwas ausdampfen lassen. In Scheiben schneiden, in eine Schüssel geben und mit Salz und Pfeffer würzen.

3 Den Essig und den Majoran in den Gemüsesud rühren und alles über die Kartoffeln gießen. Mit Salz und Pfeffer kräftig abschmecken und etwa 20 Minuten durchziehen lassen.

4 Den Apfel waschen, vierteln, das Kerngehäuse entfernen und in dünne Spalten schneiden. Die Fleischwurst in Streifen schneiden und mit den Apfelspalten und dem Öl zum Salat geben. Alles gut durchmischen und nochmals mit Salz und Pfeffer abschmecken. In Schälchen anrichten und nach Belieben mit frischem Brot servieren.

Borschtsch

Rote-Bete-Eintopf mit Ei

1 Die Rote Bete, die Kartoffeln und den Sellerie schälen, waschen und in Würfel schneiden. Die Rote-Bete-Blätter abbrausen, verlesen, trocken schütteln und einige für die Garnitur beiseitelegen. Die restlichen in Streifen schneiden.

2 Die Zwiebel schälen und fein hacken. Die Butter in einem Topf zerlassen und die Zwiebel darin glasig dünsten. Die Rote Bete, die Kartoffeln und den Sellerie zugeben, kurz anschwitzen und mit der Brühe ablöschen. Mit Salz und Pfeffer würzen, das Lorbeerblatt dazugeben und bei mittlerer Hitze 20 Minuten köcheln lassen.

3 Etwa 5 Minuten vor Ende der Garzeit die Rote-Bete-Blattstreifen und die Sahne einrühren. Den Eintopf auf dem ausgeschalteten Herd noch etwas ziehen lassen.

4 Das Lorbeerblatt entfernen, die Suppe noch einmal abschmecken und in vorgewärmte Suppenteller füllen. Mit den übrigen Rote-Bete-Blättern garnieren. Nach Belieben gekochte Eier dazu reichen.

TIPP

Es gibt unzählige Varianten dieses aus Osteuropa stammenden Gerichts, das sich auch bei uns immer größerer Beliebtheit erfreut. Sie können beispielsweise Karotten, Weißkohl oder Petersilienwurzel mit der Roten Bete kochen oder den Eintopf mit Fleischbrühe und Rindfleisch zubereiten.

Karottenkuchen

ZUTATEN FÜR 4 PERSONEN ODER
1 SPRINGFORM (26 CM DURCHMESSER)

250 g Karotten · 6 Eier, getrennt

250 g Zucker · 1 Msp. Salz

Abrieb von 1 unbehandelten Zitrone

200 g gemahlene Haselnusskerne

200 g Mehl · 2 EL Schokoladenraspel

Puderzucker (zum Bestauben)

ZUBEREITUNGSZEIT: 30 MINUTEN
BACKZEIT: 1 STUNDE

1 Den Backofen auf 180 °C (Umluft) vorheizen.

2 Für den Teig die Karotten schälen und sehr fein reiben. In einer Schüssel die Eigelbe mit einem Drittel des Zuckers, dem Salz und dem Zitronenabrieb schaumig rühren.

3 Die Eiweiße steif schlagen, dabei den restlichen Zucker einrieseln lassen. Weiter zu einem schnittfesten Eischnee schlagen.

4 Die gemahlenen Nüsse mit dem Mehl, den Schokoladenraspeln und den Karottenraspeln vermischen. Ein Drittel des Eischnees unter die Eigelbmasse heben und sehr gut verrühren. Dann den übrigen Eischnee dazugeben und die Nuss-Karotten-Mischung darüber streuen. Alles mit einem Holzlöffel vorsichtig unterheben.

5 Den Boden einer Springform mit Backpapier auslegen. Den Teig in die Springform einfüllen, glatt streichen und im vorgeheizten Ofen etwa 1 Stunde backen.

6 Den fertigen Kuchen aus den Ofen nehmen, kurz abkühlen lassen, vorsichtig aus der Form lösen und vollständig erkalten lassen. Mit Puderzucker bestauben.

Rote-Bete-Creme
mit Ziegenkäse

1 Die Rote Bete waschen, in einen kleinen Topf geben und knapp mit Wasser bedecken.

2 Die Zimtstange mit Fenchelsamen, Süßholz und ½ Teelöffel Salz hinzufügen. Alles zum Kochen bringen. Bei mittlerer Hitze etwa 45 Minuten garen.

3 Die Rote Bete kalt abschrecken und schälen. In kleine Würfel schneiden und mit 3 Esslöffeln Kochsud fein pürieren.

4 Das Püree mit dem Joghurt, dem Quark sowie der Crème fraîche verrühren. Alles mit Salz, Pfeffer und einem Spritzer Zitronensaft abschmecken.

5 Den Ziegenkäse in kleine Würfel schneiden und mit der Rote-Bete-Creme in Gläser schichten. Dabei mit der Creme beginnen und etwa drei Schichten bilden. Mit schwarzem Sesam bestreuen und servieren.

ZUTATEN FÜR 4 PERSONEN

200 g Rote Bete · ½ Zimtstange

¼ TL Fenchelsamen · ½ Stange Süßholz · Salz

100 g Naturjoghurt

250 g Magerquark · 50 g Crème fraîche

frisch gemahlener Pfeffer

1 Spritzer Zitronensaft

200 g Ziegenkäse (am Stück)

2 EL schwarze Sesamsaat

ZUBEREITUNGSZEIT: 30 MINUTEN
GARZEIT: 45 MINUTEN

Blätter & Stängel

Sommersalat

mit gegrilltem Hühnerbrustfilet

ZUTATEN FÜR 4 PERSONEN

4 Hähnchenbrustfilets
(à etwa 150 g)

4 EL Sonnenblumenöl

½ TL Paprikapulver

½ TL Currypulver

Salz

Cayennepfeffer

300 g junger Spinat

200 g junger Sauerampfer

1 Gurke

2 Frühlingszwiebeln

2 Stängel Petersilie

50 g Sonnenblumenkerne

Für das Dressing:

5 EL Sonnenblumenöl

Saft von 1 Zitrone

1 TL Honig

Salz

ZUBEREITUNGSZEIT: 20 MINUTEN
GRILLZEIT: 12 MINUTEN

1 Die Hähnchenbrustfilets waschen und trocken tupfen. Das Öl mit dem Paprikapulver, dem Curry, etwas Salz und Cayennepfeffer verrühren und die Brustfilets damit einpinseln. Auf dem Grill unter gelegentlichem Wenden 10–12 Minuten langsam bei nicht allzu großer Hitze grillen.

2 Die Spinat- und Sauerampferblätter putzen, waschen und trocken schleudern. Die Gurke schälen und in Scheiben schneiden. Die Frühlingszwiebeln putzen, waschen und in dünne Ringe schneiden. Die Petersilie waschen, trocken schütteln und die Blättchen grob hacken. Die Sonnenblumenkerne in einer Pfanne ohne Fett anrösten und auskühlen lassen.

3 Für das Dressing das Öl mit dem Zitronensaft, Honig und nach Bedarf etwas Wasser verrühren und mit Salz abschmecken.

4 Die Blattsalate auf Teller verteilen und darauf die Gurkenscheiben legen. Die Hähnchenbrustfilets in Scheiben schneiden, auf dem Salat anrichten und mit den Frühlingszwiebeln, der Petersilie sowie den Sonnenblumenkernen bestreuen. Mit dem Dressing beträufeln und servieren.

Spinatsalat

mit Räucherlachs und Radieschen

1 Den Eichblattsalat und den Spinat putzen, verlesen und waschen. Die Blätter klein zupfen. Die Radieschen putzen, waschen und in Scheiben schneiden.

2 Das Öl mit dem Zitronensaft und den Pfefferkörnern verrühren und nach Belieben mit Pfeffer würzen.

3 Den Eichblattsalat mit dem Spinat und den Radieschen vermengen und auf Teller verteilen. Darauf die Lachsscheiben anrichten und mit etwas Dressing beträufelt servieren.

ZUTATEN FÜR 4 PERSONEN

1 roter Eichblattsalat

100 g junger Spinat

50 g Radieschen

2 EL Traubenkernöl · 3 EL Zitronensaft

1 TL grüne Pfefferkörner

frisch gemahlener Pfeffer

150 g Räucherlachs (in Scheiben)

ZUBEREITUNGSZEIT: 20 MINUTEN

TIPP

Natürlich können Sie für diese leichte Salatvariation auch andere milde Blattsalatsorten verwenden, z. B. Kopf-, Feld- oder Friséesalat. Kräftige, etwas bittere Sorten wie Rauke oder Endiviensalat passen weniger gut zum feinen Aroma des Räucherlachses.

Lollo rosso und Lollo bianco
mit Käse und Speck

1 Den Lollo rosso und Lollo bianco waschen, putzen und trocken schleudern. Die Blätter in mundgerechte Stücke zupfen und in eine Schüssel geben.

2 Den Schinken und den Käse klein würfeln. Die Zwiebeln schälen und in Streifen schneiden. Den Apfel waschen, vierteln, das Kerngehäuse entfernen und das Fruchtfleisch in Spalten schneiden.

3 Die Zwiebelstreifen mit dem Apfel, dem Schinken, dem Käse und den Walnüssen auf dem Salat verteilen.

4 Den Essig mit Zucker und Salz verrühren. Das Öl dazugeben und alles zu einer Vinaigrette vermischen. Über den Salat träufeln und sofort servieren.

ZUTATEN FÜR 4 PERSONEN

150 g Lollo rosso · 150 g Lollo bianco

150 g Schinken

200 g Käse (z. B. Emmentaler, Gouda)

2 rote Zwiebeln · 1 Apfel

2 EL gehackte Walnusskerne

2 EL Apfelessig · 1 Prise Zucker

Salz · 4 EL Traubenkernöl

ZUBEREITUNGSZEIT: 15 MIN.

Grüner Blattsalat

mit Hähnchenbrustfilet

ZUTATEN FÜR 4 PERSONEN

4 Bataviasalatherzen

600 g Hähnchenbrustfilet

2 EL Olivenöl

Saft und Abrieb von
1 unbehandelten Zitrone

Salz

frisch gemahlener Pfeffer

Für das Dressing:

1 Knoblauchzehe

2 Eigelb

1 TL mittelscharfer Senf

200 ml Olivenöl

40 g Hartkäse, frisch gerieben

1 Spritzer Limettensaft

16 Scheiben Baguette

75 g frisch gehobelter Parmesan

ZUBEREITUNGSZEIT: 30 MINUTEN
MARINIERZEIT: 30 MINUTEN

1 Den Backofengrill vorheizen.

2 Von den Bataviasalatherzen die Blätter lösen, putzen, waschen und trocken schütteln.

3 Das Fleisch waschen, trocken tupfen und in eine flache Form legen. Das Öl mit dem Zitronensaft und -abrieb mischen, mit Salz und Pfeffer würzen und die Hähnchenbrustfilets damit einreiben. Etwa 30 Minuten abgedeckt in den Kühlschrank stellen.

4 Für das Dressing den Knoblauch schälen, pressen und mit den Eigelben und dem Senf im Mixer vermengen. Dabei das Olivenöl zuerst tröpfchenweise, dann in einem dünnen Strahl dazugießen, bis eine homogene Masse entsteht. Den frisch geriebenen Käse unter die Mayonnaise mischen und alles mit Salz, Pfeffer und einem Spritzer Limettensaft abschmecken.

5 Die Hähnchenbrustfilets aus der Marinade nehmen, gut abtropfen lassen und in einer heißen Grillpfanne von beiden Seiten goldbraun anbraten. Die Hitze reduzieren und das Fleisch auf der warmen Herdplatte gar ziehen lassen. Herausnehmen und in Scheiben schneiden.

6 Die Brotscheiben unter dem heißen Backofengrill kross grillen. Die Salatblätter mit den Brotscheiben auf Teller verteilen, mit der Mayonnaise beträufeln und die Hähnchenscheiben darauf verteilen. Mit frisch gehobeltem Käse bestreut servieren.

TIPP

Bataviasalat ist eine Kreuzung aus Eisberg- und Kopfsalat. Er hat weichere Blätter als der Eisbergsalat, ist aber trotzdem knackig. Das aromatische Herz ist größer als beim Kopfsalat. Im Kühlschrank hält er sich bis zu 5 Tage und selbst mit Dressing bleibt er lange knackig.

Chicoréesalat

mit Speck und Birnen

1 Den Chicorée putzen, waschen und den harten Strunk entfernen. Die einzelnen Blätter lösen. Den Rucola verlesen, waschen und gegebenenfalls harte Stiele entfernen. Den Radicchio putzen, waschen und in kleine, mundgerechte Stücke zupfen.

2 Die Birnen waschen, halbieren, das Kerngehäuse entfernen und die Birnen in dünne Spalten schneiden. Chicorée, Rucola, Radicchio und Birnen auf Tellern anrichten und die Walnüsse darüber verteilen.

3 Den Speck in einer heißen, unbeschichteten Pfanne braun anbraten.

4 Für die Vinaigrette den Apfelessig, Zitronensaft, Trauben-kern- und Sonnenblumenöl sowie Honig verrühren. Mit Salz und Pfeffer abschmecken.

5 Die Vinaigrette über den Salat träufeln, die Speckscheiben darüber verteilen und den Salat servieren.

ZUTATEN FÜR 4 PERSONEN

4 Chicorée

1 Handvoll Rucola

einige Radicchioblätter · 2 Birnen

2 EL gehackte Walnusskerne

8 Scheiben Speck

Für das Dressing

4 EL Apfelessig · 1 EL Zitronensaft

2 EL Traubenkernöl · 2 EL Sonnenblumenöl

1 TL Honig

Salz · frisch gemahlener Pfeffer

ZUBEREITUNGSZEIT: 40 MINUTEN

Endiviensalat mit Apfel

1 Den Salat putzen, waschen und trocken schleudern und in mundgerechte Stücke zupfen. Die Äpfel waschen, vierteln, das Kerngehäuse entfernen und die Äpfel in dünne Spalten schneiden. Diese sofort mit Zitronensaft beträufeln. Die Zwiebel schälen und fein würfeln.

2 Den Speck in Streifen schneiden und in einer Pfanne ohne Zugabe von Fett auslassen. Die Zwiebel dazugeben und 2–3 Minuten mit anschwitzen.

3 Das Olivenöl mit dem Essig mischen und mit Salz und Pfeffer abschmecken.

4 Den Salat auf Teller verteilen und die Apfelspalten darauf anrichten. Die Zwiebel-Speck-Mischung darüberstreuen und mit der Vinaigrette beträufeln. Mit den Kräutern garnieren und servieren.

ZUTATEN FÜR 4 PERSONEN

1 Endiviensalat · 3 Äpfel

1 EL Zitronensaft · 1 Zwiebel

150 g geräucherter Bauchspeck (in Scheiben)

4 EL Olivenöl · 2 EL Weißweinessig

Salz · frisch gemahlener Pfeffer

Kräuter (zum Garnieren, z. B. Thymian, Petersilie, Kerbel)

ZUBEREITUNGSZEIT: 20 MINUTEN

Spinatsuppe
mit Ei und Speck

ZUTATEN FÜR 4 PERSONEN

600 g frischer Blattspinat

1 große Zwiebel

2 EL Pflanzenöl

2 ½ EL Mehl

350 ml Milch (1,5 Fett)

500 ml Gemüsebrühe

Salz

frisch gemahlener Pfeffer

frisch geriebene Muskatnuss

2 TL Zitronensaft

100 g Sauerrahm

150 g geräucherter Bauchspeck

4 Eier, wachsweich gekocht

Petersilie, gehackt
(zum Garnieren)

ZUBEREITUNGSZEIT: 30 MINUTEN
GARZEIT: 20 MINUTEN

1 Den Spinat verlesen, putzen, waschen und trocken schleudern.

2 Die Zwiebel schälen und fein hacken. Das Öl erhitzen und die Zwiebeln darin andünsten. Das Mehl einrühren und leicht Farbe nehmen lassen. In kleinen Mengen unter Rühren die Milch dazugießen, 400 ml Brühe hinzufügen und alles einmal aufkochen.

3 Den Spinat dazugeben, einmal aufwallen lassen und alles anschließend mit einem Mixstab fein pürieren. Mit Salz, Pfeffer und Muskat würzen. Den Zitronensaft und etwas Sauerrahm unterziehen. Sollte die Suppe zu dickflüssig sein, noch etwas Brühe hinzugießen.

4 Den Speck in Stücke schneiden. In einer Pfanne ohne Fett auslassen und knusprig braten. Die Eier schälen und halbieren. Die Suppe in Teller verteilen, die Eierhälften hineingeben und vor dem Servieren mit Petersilie und Speck bestreuen.

TIPP

Statt Spinat können Sie für die Suppe auch Mangold verwenden. Geben Sie den geputzten, gewaschenen und in Streifen geschnittenen Mangold in die Suppe und lassen Sie alles vor dem Pürieren ein paar Minuten länger köcheln, damit der Mangold weich wird.

Spinatauflauf
mit Kabeljaufilet

ZUTATEN FÜR 4 PERSONEN BZW.
FÜR 4 FÖRMCHEN (10 X 17 CM)

Für den Teig:

450 g Mehl

1 Prise Salz

1 Ei

300 g Butter

Für den Belag:

400 g frischer Blattspinat

1 Schalotte

1 Knoblauchzehe

20 g Butter

6 Eier

150 g Schmand

50 g Hartkäse, frisch gerieben

400 ml Sahne
(mindestens 30 % Fett)

frisch gemahlener Pfeffer

frisch geriebene Muskatnuss

600 g Kabeljaufilet,
küchenfertig und ohne Haut

Mehl (für die Arbeitsfläche)

Butter (für die Form)

ZUBEREITUNGSZEIT: 40 MINUTEN
KÜHLZEIT: 30 MINUTEN
BACKZEIT: 30 MINUTEN

1 Das Mehl mit dem Salz mischen und auf eine Arbeitsplatte häufen. In die Mitte eine Mulde drücken, das Ei hineinschlagen und die Butter in Flöckchen um die Mulde herum verteilen. Mit den Händen rasch zu einem glatten Teig verarbeiten, zu einer Kugel formen und in Frischhaltefolie gewickelt 30 Minuten in den Kühlschrank legen.

2 Den Backofen auf 180 °C (Ober- und Unterhitze) vorheizen.

3 Für den Belag den Spinat verlesen, putzen, waschen und trocken schleudern. Die Schalotte und den Knoblauch schälen und fein hacken. Die Butter in einem Topf zerlassen und darin die Schalotte sowie den Knoblauch glasig andünsten.

4 Den Spinat dazugeben, zusammenfallen lassen, den Topf vom Herd nehmen und den Spinat abkühlen lassen, dann auf einem Brett fein hacken.

5 Die Eier mit dem Schmand, dem Käse und der Sahne verrühren und mit Salz, Pfeffer und Muskat würzen.

6 Den Fisch waschen, trocken tupfen und in vier gleichgroße Stücke teilen. Mit Salz und Pfeffer würzen.

7 Den Teig in vier gleichgroße Portionen teilen. Jede Portion auf einer bemehlten Arbeitsfläche in Größe der Förmchen ausrollen. Die Förmchen mit Butter einfetten und mit dem Teig auskleiden. Dabei einen Rand hochziehen. Den Spinat auf dem Teig verteilen, je ein Fischstück daraufsetzen und mit der Eiersahne übergießen. Im vorgeheizten Ofen 25–30 Minuten goldbraun backen. Herausnehmen und sofort servieren.

Spinatstrudel

ZUTATEN FÜR 4 PERSONEN

Für den Teig:

250 g Weizenmehl

2–3 EL Pflanzenöl

Salz

Für die Füllung:

400 g frischer Blattspinat

3 Schalotten

1 Knoblauchzehe

30 g Butter

200 ml Sahne
(mindestens 30 % Fett)

frisch gemahlener Pfeffer

frisch geriebene Muskatnuss

Mehl (für die Arbeitsfläche)

50 g weiche Butter

Für den Salat

200 g gemischter Blattsalat

4 Kirschtomaten

200 ml trockener Weißwein

100 ml Sahne
(mindestens 30 % Fett)

ZUBEREITUNGSZEIT: 45 MINUTEN
RUHEZEIT: 1 STUNDE
BACKZEIT: 25 MINUTEN

1 Das Mehl in eine Rührschüssel sieben. Mit dem Öl, 1 Teelöffel Salz und etwa 125 ml Wasser zu einem festen, glatten Teig verkneten. Den Teig zu einer Kugel formen, mit etwas Öl bestreichen und etwa 1 Stunde im Kühlschrank ruhen lassen.

2 Für die Füllung den Spinat verlesen, putzen, waschen und trocken schleudern. Die Schalotten sowie den Knoblauch schälen und beides fein hacken. Die Butter in einem Topf zerlassen, die Schalotten und den Knoblauch darin glasig schwitzen. Den Spinat dazugeben, zusammenfallen lassen und die Sahne angießen. Mit Salz, Pfeffer und Muskat würzen, dann bei mittlerer Hitze etwa 10 Minuten köcheln lassen.

3 Den Backofen auf 200 °C (Ober- und Unterhitze) vorheizen.

4 Den Teig in vier gleich große Portionen teilen. Ein Küchentuch mit Mehl bestauben, den Teig darauf dünn ausrollen und mit den Fingern vorsichtig zu einem Rechteck ausziehen. Etwas weiche Butter darauf verstreichen.

5 Die Füllung auf den unteren zwei Dritteln eines jeden Teigrechtecks verteilen, den linken und rechten Rand einklappen. Schließlich die Strudel mithilfe des Tuchs von der unteren Seite her einrollen. Abschließend noch einmal mit Butter einstreichen, auf ein mit Backpapier belegtes Backblech setzen und im vorgeheizten Backofen 20–25 Minuten goldbraun backen.

6 Zwischenzeitlich den Salat verlesen, waschen, trocken schleudern und in mundgerechte Stücke zupfen. Die Tomaten waschen und vierteln.

7 Den Weißwein mit der Sahne in einem Topf zum Kochen bringen, mit Salz und Pfeffer würzen und mithilfe eines Pürierstabs aufschäumen. Die fertigen Spinatstrudel aus dem Ofen nehmen. Quer halbieren und zusammen mit dem Salat und den Tomaten auf Platten anrichten. Mit dem Weißweinschaum beträufelt servieren.

Gründonnerstagssuppe
mit Kerbel

1 Die Zwiebel sowie die Kartoffeln schälen und beides in Würfel schneiden.

2 Die Butter in einem Topf zerlassen, dann darin die Zwiebel und die Kartoffeln andünsten. Mit Salz würzen, 250 ml Wasser angießen und 15–20 Minuten garen, bis die Kartoffeln weich sind. Die Milch dazugießen, alles aufkochen lassen und pürieren.

3 Inzwischen den Kerbel waschen. Einige Blättchen beiseite legen, den Rest grob hacken und mit der Sahne im Mixer oder mit einem Pürierstab pürieren. Die Kerbelsahne zur pürierten Suppe geben und erhitzen. Mit Salz und Pfeffer abschmecken.

4 Das Toastbrot in Würfel schneiden und in heißem Öl knusprig braten. Mit etwas Salz und Pfeffer würzen.

5 Die Suppe in Tassen oder Schälchen füllen und mit den Toastbrotkrumen bestreut servieren.

ZUTATEN FÜR 4 PERSONEN

1 Zwiebel · 200 g mehlig kochende Kartoffeln

1 EL Butter · Salz · 500 ml Milch

100 g Kerbelgrün

100–200 ml Sahne
(mindestens 30 % Fett)

frisch gemahlener Pfeffer

3 Scheiben Toastbrot · 2 EL Olivenöl

ZUBEREITUNGSZEIT: 40 MINUTEN
GARZEIT: 25 MINUTEN

TIPP

Der Brauch, am Gründonnerstag vor Ostern eine Gründonnerstagssuppe zu kochen, ist schon relativ alt. Traditionell wird sie aus neun verschiedenen Kräutern zubereitet. Die frischen Kräuter sollen nach dem langen Winter den Körper stärken.

Portulakklößchen

1 Den Portulak putzen, waschen und harte Stiele entfernen. Die Blätter in Salzwasser kurz blanchieren, abschrecken, ausdrücken und fein hacken.

2 Den gehackten Portulak mit dem Frischkäse, dem Zitronenabrieb, 60 g Bergkäse, dem Ei, den Eigelben und dem Mehl zu einem glatten Teig verkneten. Mit Salz, Pfeffer und Muskat würzen. Wenn die Masse noch zu weich ist, etwas Mehl dazugeben.

3 Mit einem Löffel von dem Teig Nocken abstechen, diese auf ein bemehltes Brett legen. Eine Nocke zur Probe in kochendes Salzwasser geben. Falls sie auseinanderfällt, noch etwas Mehl oder ein Ei unter den Teig kneten. Alle Klößchen in das Salzwasser geben und etwa 8 Minuten simmern lassen, bis sie gar sind.

4 Den Ofen auf 180 °C (Umluft) vorheizen.

5 Die Klößchen mit einem Schaumlöffel aus dem Topf heben und in eine ofenfeste, gebutterte Form geben. Mit dem restlichen Käse bestreuen und im vorgeheizten Ofen 4–5 Minuten überbacken.

ZUTATEN FÜR 4 PERSONEN

500 g Portulak · Salz · 175 g Frischkäse

1 Msp. Abrieb von einer unbehandelten Zitrone

120 g Bergkäse, frisch gerieben · 1 Ei

2 Eigelb · etwa 150 Mehl · frisch gemahlener Pfeffer

frisch geriebene Muskatnuss · Butter (für die Form)

ZUBEREITUNGSZEIT: 40 MINUTEN
GARZEIT: 15 MINUTEN

TIPP

Portulak wurde schon vor Jahrhunderten in der Küche verwendet, ist heute allerdings kaum mehr bekannt. Junge Portulakblätter schmecken säuerlich-nussig, ältere sind bitter. Fragen Sie nach Portulak auf dem Gemüsemarkt oder in Kräutergärtnereien. Statt Portulak können Sie Spinat, Sauerampfer, Bärlauch oder andere Kräuter nach Geschmack verwenden.

Mangoldrouladen
mit Hackfleisch-Reis-Füllung

ZUTATEN FÜR 4 PERSONEN

Für die Päckchen:
1 Mangold (etwa 400 g)
Salz

Für die Füllung
1 Brötchen (vom Vortag)
2 Zwiebeln
½ Bund glatte Petersilie
300 g gemischtes Hackfleisch
1 Ei
200 g Reis, gekocht
frisch gemahlener Pfeffer
edelsüßes Paprikapulver
2 EL Butter

Für die Sauce:
2 EL Butter
2 EL Mehl
400 ml Milch
200 ml Fleischbrühe
2 EL Crème fraîche

ZUBEREITUNGSZEIT: 40 MINUTEN
BACKZEIT: 25 MINUTEN

1 Den Ofen auf 180 °C (Ober- und Unterhitze) vorheizen.

2 Für die Päckchen den Mangold waschen, die Blätter abtrennen und die harten Blattrippen entfernen. Die Blätter in reichlich Salzwasser etwa 1 Minute blanchieren. In Eiswasser abschrecken, abtropfen lassen und trocken tupfen.

3 Für die Füllung das Brötchen einweichen. Die Zwiebeln schälen und fein hacken. Die Petersilie waschen, trocken schütteln und ebenfalls fein hacken. Das Hackfleisch mit dem Ei, dem gut ausgedrückten Brötchen, dem Reis, der Petersilie und der Hälfte der Zwiebeln verkneten. Mit Salz, Pfeffer und Paprikapulver würzen.

4 Je nach Größe ein oder zwei Blätter nebeneinanderlegen, etwas von der Reismasse in die Mitte der Blätter setzen, die Blattränder einschlagen und die Blätter zu einer Roulade aufrollen. Diese mit der Naht nach unten in eine Auflaufform legen. So nach Belieben vier größere oder acht kleinere Rouladen formen.

5 Die Mangoldrouladen mit Butterflocken belegen und im vorgeheizten Ofen etwa 25 Minuten (kleinere Rouladen etwa 15–20 Minuten) backen. Bei Bedarf etwas Wasser angießen.

6 Für die Sauce die Butter in einem Topf zerlassen, das Mehl einrühren und leicht Farbe nehmen lassen. Die Milch nach und nach einrühren, dann die Fleischbrühe dazugießen. Mit einem Schneebesen kräftig verrühren, damit sich keine Klumpen bilden. Etwa 8 Minuten unter gelegentlichem Rühren zu einer sämigen Sauce einköcheln lassen.

7 Die Sauce zum Schluss mit Crème fraîche verfeinern und mit Salz und Pfeffer abschmecken. Die Mangoldrouladen auf einer Platte anrichten und mit der Sauce beträufelt servieren.

Mangold-Käse-Torte

FÜR 10–12 STÜCK
BZW. 1 SPRINGFORM
(26 CM DURCHMESSER)

Für den Teig:

200 g Mehl

100 g kalte Butter

1 Prise Salz

1 Ei

Für den Belag:

400 g junger Mangold

1 Stange Lauch

2 Knoblauchzehen

400 g Frischkäse

3 Eier

250 ml Sahne
(mindestens 30 % Fett)

100 g Hartkäse, frisch gerieben

frisch gemahlener Pfeffer

frisch geriebene Muskatnuss

Butter (für die Form)

ZUBEREITUNGSZEIT: 35 MINUTEN
KÜHLZEIT: 30 MINUTEN
BACKZEIT: 40 MINUTEN

1 Den Backofen auf 180 °C (Umluft) vorheizen.

2 Für den Teig das Mehl auf eine Arbeitsfläche häufen und in die Mitte des Mehls eine Mulde drücken. Die kalte Butter in kleine Stücke schneiden und um die Mulde herum verteilen. Das Salz und das Ei in die Mitte geben, 2–3 Esslöffel lauwarmes Wasser dazugeben und die Zutaten mit einem Messer gut durchhacken, sodass kleine Teigkrümel entstehen.

3 Anschließend die Krümel mit den Händen rasch zu einem Teig verkneten, zu einer Kugel formen und in Frischhaltefolie gewickelt etwa 30 Minuten kühl stellen.

4 Für den Belag den Mangold putzen, waschen und grob hacken. Den Lauch putzen, waschen und klein würfeln. Die Knoblauchzehen schälen und fein hacken. Den Frischkäse mit den Eiern, der Sahne und der Hälfte des Käses glatt rühren. Den Mangold, den Knoblauch und den Lauch untermengen und mit Salz, Pfeffer und Muskat würzen.

5 Den Teig zwischen zwei Lagen Frischhaltefolie ausrollen und die gebutterte Form damit auskleiden. Dabei einen Rand hochziehen. Die Mangoldfüllung auf den Teig geben und glatt streichen. Mit dem restlichen Käse bestreuen.

6 Im vorgeheizten Backofen etwa 40 Minuten goldbraun backen. Dann die Torte herausnehmen, kurz abkühlen lassen, vorsichtig aus der Form lösen und in Stücke geschnitten servieren.

Spargelauflauf

ZUTATEN FÜR 4 PERSONEN

500 g weißer Spargel · 500 grüner Spargel

Salz

Saft von 1 unbehandelten Zitrone

2 EL Butter (für die Form)

1 Knoblauchzehe

250 ml Sahne (mindestens 30 % Fett)

250 ml Milch · 3 Eier

100 g Greyerzer-Käse, gerieben

50 g Parmesan, gerieben

Salz · frisch gemahlener Pfeffer

1 Prise frisch geriebene Muskatnuss

Schnittlauchröllchen (zum Garnieren)

ZUBEREITUNGSZEIT: 30 MINUTEN
GARZEIT: 25 MINUTEN

1 Den Backofen auf 200 °C (Ober- und Unterhitze) vorheizen.

2 Den Spargel waschen, von unten 1 cm abschneiden, den weißen Spargel gründlich schälen, den grünen Spargel nur am unteren Drittel.

3 In reichlich Salzwasser zunächst den weißen Spargel mit dem Zitronensaft etwa 5 Minuten blanchieren. Dann den grünen Spargel dazugeben und alles weitere 5 Minuten garen. Anschließend herausnehmen, kalt abschrecken und abtropfen lassen.

4 Eine Auflaufform mit Butter einfetten. Die Knoblauchzehe schälen und durch die Presse drücken. Die Sahne mit der Milch, den Eiern, dem Greyerzer, dem Parmesan und dem gepressten Knoblauch verrühren. Mit Salz, Pfeffer und Muskat würzen.

5 Den Spargel auf die vier Förmchen verteilen und mit der Käse-Sahne-Milch begießen. Im vorgeheizten Ofen etwa 25 Minuten goldbraun gratinieren. Mit frischen Schnittlauchröllchen garniert sofort servieren.

Grüner Spargel

mit Kerbelsauce und Kirschtomaten

1 Den Kerbel waschen, trocken schütteln und die Blättchen fein hacken. Einige Blätter zum Garnieren beiseitelegen.

2 Den Spargel abbrausen, das untere Drittel schälen und die holzigen Enden von unten etwa 1 cm abschneiden. Die Spargelstangen in kochendem Salzwasser etwa 7 Minuten blanchieren, herausnehmen und warm halten.

3 Die Butter in einem Topf zerlassen, das Mehl einrühren und leicht Farbe nehmen lassen. Mit 500 ml Spargelfond ablöschen. Mit einem Schneebesen kräftig verrühren, damit sich keine Klumpen bilden, und bei mittlerer Hitze 6–8 Minuten einköcheln lassen.

4 Die Sahne angießen, mit Salz, Pfeffer und Muskat würzen und den Kerbel unterrühren. Die Kirschtomaten waschen.

5 Den Spargel auf Platten verteilen, mit der Sauce beträufeln und mit den Kirschtomaten sowie einigen Kerbelblättchen garniert servieren.

ZUTATEN FÜR 4 PERSONEN

1 Bund Kerbel

1 kg grüner Spargel · Salz

2 EL Butter · 2 EL Mehl

100 ml Sahne (mindestens 30 % Fett)

frisch gemahlener Pfeffer

frisch geriebene Muskatnuss

100 g Kirschtomaten

Kerbelblättchen (zum Garnieren)

ZUBEREITUNGSZEIT: 30 MINUTEN
GARZEIT: 2 STUNDEN

Spargelcremesuppe
mit Brennnesseln

ZUTATEN FÜR 4 PERSONEN

300 g grüner Spargel

300 g Brennnesselblätter

2 Kartoffeln

1 Schalotte

1 Knoblauchzehe

2 EL Olivenöl

800 ml Gemüsebrühe

Salz

frisch gemahlener Pfeffer

120 g Crème fraîche

1 Spritzer Zitronensaft

ZUBEREITUNGSZEIT: 30 MINUTEN
GARZEIT: 20 MINUTEN

1 Den Spargel waschen, schälen, die holzigen Enden etwa 1 cm abschneiden. Den Spargel in kleine Stücke schneiden.

2 Die Brennnesselblätter waschen und trocken schütteln. Einige für die Garnitur beiseitelegen, den Rest grob hacken.

3 Die Kartoffeln schälen, waschen und in kleine Würfel schneiden. Die Schalotte und den Knoblauch schälen und fein hacken. Das Öl in einem Topf erhitzen und die Schalotte mit dem Knoblauch glasig anschwitzen.

4 Die Kartoffeln und den Spargel dazugeben, die Brühe angießen und mit Salz und Pfeffer würzen. Bei mittlerer Hitze 10 Minuten köcheln lassen. Die Brennnesselblätter unterrühren und weitere 5–8 Minuten köcheln lassen.

5 Die Suppe mit einem Pürierstab pürieren, durch ein feines Sieb streichen, erneut erhitzen und 100 g Crème fraîche unterrühren. Noch einmal mit Salz, Pfeffer und Zitronensaft abschmecken. Die Suppe in Schälchen füllen, mit je einem Klecks Crème fraîche garnieren und mit den übrigen Brennnesselblättern bestreut servieren.

TIPP

Brennnesseln können von Mai bis September gesammelt werden. Verfeinern Sie doch auch mal andere Suppen mit diesem Kraut oder mischen Sie es mit Gemüse wie Spinat oder Mangold.

Lauchsuppe

ZUTATEN FÜR 4 PERSONEN

2 Stangen Lauch

Salz

2 ½ EL Butter

2 ½ EL Mehl

200 ml Sahne
(mindestens 30 % Fett)

frisch gemahlener Pfeffer

frisch geriebene Muskatnuss

3 Kartoffeln

1 EL frisch gehackte Petersilie

ZUBEREITUNGSZEIT: 30 MINUTEN
GARZEIT: 20 MINUTEN

1 Den Lauch der Länge nach halbieren, putzen, waschen, trocken schütteln und in Ringe schneiden. In kochendem Salzwasser 3–4 Minuten blanchieren, herausnehmen, kalt abschrecken und gut abtropfen lassen.

2 In einem weiteren Topf die Butter zerlassen, das Mehl einrühren, kurz Farbe nehmen lassen und mit 600 ml Lauchfond ablösen. Mit einem Schneebesen kräftig verrühren, damit sich keine Klumpen bilden. Die Sahne angießen und mit Salz, Pfeffer und Muskat würzen.

3 Die Kartoffeln schälen, in kleine Würfel schneiden und etwa 10 Minuten in der Sahnesauce gar ziehen lassen. Den Lauch und die gehackte Petersilie dazugeben. Vor dem Servieren nochmals mit Salz und Pfeffer abschmecken.

TIPP

Mit gerösteten Brotkrumen können Sie die Lauchsuppe optisch und geschmacklich aufpeppen. Einfach zwei Scheiben Toastbrot oder Brötchen vom Vortag in etwas Pflanzenöl in einer Pfanne rösten.

Lauchgemüse
mit Schinken und Eiern

ZUTATEN FÜR 4 PERSONEN

3 Stangen Lauch

1 TL eingelegte grüne
Pfefferkörner

6 Eier

Für die Béchamelsauce

1 EL Butter

1 EL Mehl

125 ml Milch

125 ml Sahne
(mindestens 30 % Fett)

Salz

frisch gemahlener Pfeffer

frisch geriebene Muskatnuss

½ TL Abrieb von einer
unbehandelten Orange

Für die Lauchsauce

1 EL Butter

1 TL Zucker

50 ml Orangensaft

12 dünne Scheiben
roher Schinken

ZUBEREITUNGSZEIT: 25 MINUTEN

1 Den Lauch der Länge nach halbieren, putzen, waschen und trocken schütteln. Schräg in 6 cm lange Stücke schneiden.

2 Die Pfefferkörner grob hacken. Die Eier in etwa 7 Minuten wachsweich kochen, abschrecken.

3 Für die Béchamelsauce in einem kleinen Topf 1 Esslöffel Butter zerlassen, das Mehl einrühren und leicht Farbe nehmen lassen. Die Milch nach und nach unter Rühren dazugeben. Dann die Sahne angießen und alles etwa 10 Minuten unter gelegentlichem Rühren köcheln lassen. Mit Salz, Pfeffer, Muskat und Orangenabrieb abschmecken.

4 Für die Lauchsauce die Butter zerlassen. Den Zucker darin unter Rühren karamellisieren. Den Orangensaft angießen, den Lauch und die Pfefferkörner dazugeben. Alles zugedeckt in etwa 8 Minuten weich dünsten.

5 Die gekochten Eier schälen, halbieren und mit dem Lauch, der Béchamelsauce und dem Schinken anrichten.

Reis mit Staudensellerie

1 Den Sellerie putzen, waschen und in feine Würfel schneiden. Das Grün waschen und die Hälfte fein hacken.

2 Die Zwiebel schälen und würfeln. Das Öl in einem großen Topf erhitzen und die Zwiebel darin andünsten. Den Sellerie sowie den Risottoreis dazugeben und beides unter Rühren anschwitzen. Der Reis darf keine Farbe nehmen.

3 Den Reis mit dem Wein ablöschen. Die Flüssigkeit vollständig aufnehmen lassen, dabei ständig rühren. Etwas Brühe angießen und erst wieder nachgießen, wenn die Flüssigkeit vom Reis vollständig aufgenommen wurde. So fortfahren, bis die Brühe aufgebraucht und der Reis gar ist (das dauert etwa 20 Minuten).

4 Abschließend die Butter und den Bergkäse unterrühren, den Reis mit Salz und Pfeffer abschmecken. Vor dem Servieren die gehackten Sellerieblätter untermischen. Mit Selleriegrün garniert im Topf servieren.

ZUTATEN FÜR 4 PERSONEN

300 g Staudensellerie

1 Zwiebel

2 EL Pflanzenöl

300 g Risottoreis

100 ml trockener Weißwein

600–700 ml Gemüsebrühe

50 g Butter

3 EL Bergkäse, frisch gerieben

Salz

frisch gemahlener Pfeffer

ZUBEREITUNGSZEIT: 30 MINUTEN
GARZEIT: 25 MINUTEN

Waldorfsalat

1 Den Sellerie schälen und in feine Stifte hobeln. Anschließend in Salzwasser blanchieren, abgießen, kalt abschrecken
und gut abtropfen lassen.

2 Die Zwiebel schälen und fein würfeln. Die Äpfel waschen
und mit einem Kernhausausstecher das Kerngehäuse entfernen. Dann die Äpfel in feine Stifte hobeln. Die Zitrone auspressen und den Saft mit den Apfelstiften mischen.

3 Die Salatmayonnaise mit dem Essig glatt rühren. Sellerie,
Zwiebel und Äpfel miteinander vermengen, die Mayonnaise
untermischen und mit Salz und Pfeffer abschmecken. Den
Salat mindestens 30 Minuten ziehen lassen.

4 Die Romanasalatblätter waschen, trocken schütteln und
auf Schälchen verteilen. Den Waldorfsalat darauf anrichten,
mit Walnusskernen bestreuen und servieren.

ZUTATEN FÜR 4 PERSONEN

1 Knolle Sellerie

Salz

1 Zwiebel

2 rote Äpfel (z. B. Elstar)

½ Zitrone

120–150 g Salatmayonnaise

3 EL weißer Balsamicoessig

frisch gemahlener Pfeffer

Romanasalatblätter

50 g gehackte Walnusskerne

ZUBEREITUNGSZEIT: 25 MINUTEN
MARINIERZEIT: 30 MINUTEN

Apfel-Sellerie-Salat

1 Den Sellerie waschen, putzen und in dünne Scheiben schneiden. Das Selleriegrün waschen, trocken schütteln und grob hacken.

2 Die Äpfel ebenfalls waschen, vierteln, das Kerngehäuse entfernen und die Äpfel in mundgerechte Stücke schneiden.

3 Die Mayonnaise mit der Sahne und dem Zitronensaft verrühren. Mit Salz, Pfeffer und einer Prise Zucker abschmecken.

4 Die Nüsse in einer Pfanne ohne Zugabe von Fett anrösten, herausnehmen und zwei Drittel grob hacken.

5 Die Äpfel mit dem Sellerie und dem Selleriegrün, den gehackten Nüssen und der Salatsauce vermischen. Den Salat in Schälchen anrichten, mit den restlichen ganzen Walnusshälften garnieren und servieren.

ZUTATEN FÜR 4 PERSONEN

4 Stangen Sellerie mit Grün

2 Äpfel

4 EL Salatmayonnaise

3 EL Sahne

1 TL Zitronensaft

Salz

frisch gemahlener Pfeffer

1 Prise Zucker

100 g geschälte Walnusskernhälften

ZUBEREITUNGSZEIT: 20 MINUTEN

Staudensellerieauflauf
mit Schinken

1 Den Backofen auf 200 °C (Ober- und Unterhitze) vorheizen.

2 Den Sellerie putzen, waschen und in zwölf etwa 6 cm lange Stücke schneiden. Von dem Käse ein Viertel abschneiden und reiben, den Rest in zwölf Stifte schneiden.

3 Die Selleriestücke mit den Käsestiften in je ½ Scheibe Schinken einrollen.

4 Den Schnittlauch waschen, trocken schütteln und in Röllchen schneiden. Die Eier mit dem Sauerrahm und der Sahne verrühren, die Schnittlauchröllchen dazugeben und mit Salz, Pfeffer und Muskat würzen.

5 Die Schinkenröllchen in eine gebutterte Auflaufform legen, die Eiersahne darübergießen und mit dem geriebenen Käse bestreuen. Im vorgeheizten Backofen auf mittlerer Schiene 20–25 Minuten gratinieren. Mit den Kerbelblättchen garnieren und sofort servieren.

ZUTATEN FÜR 4 PERSONEN

4 Stangen Sellerie

200 g Schnittkäse am Stück
(z. B. Tilsiter, Gouda)

6 Scheiben gekochter Schinken, halbiert

1 Bund Schnittlauch

3 Eier · 200 g Sauerrahm

150 ml Sahne (mindestens 30 % Fett)

Salz · frisch gemahlener Pfeffer

frisch geriebene Muskatnuss

Kerbel (zum Garnieren)

ZUBEREITUNGSZEIT: 30 MINUTEN
BACKZEIT: 25 MINUTEN

Raukesalat

mit essbaren Blüten

ZUTATEN FÜR 4 PERSONEN

2 Bund Rucola

1 Bund Dill

1 Handvoll essbare Blüten
(z. B. Borretsch, Kapuzinerkresse,
Orangentagetes, Ringelblume)

4 EL Olivenöl

2 EL Weißweinessig

Salz

frisch gemahlener Pfeffer

ZUBEREITUNGSZEIT: 20 MINUTEN

1 Den Rucola verlesen, putzen, waschen und trocken schleudern. Den Dill abbrausen, trocken schütteln und die Spitzen abzupfen.

2 Den Rucola, den Dill sowie die Blüten mischen und alles in Schalen anrichten.

3 Eine Vinaigrette aus Olivenöl, Weißweinessig, Salz und Pfeffer rühren und dazu reichen.

TIPP

Essbare Blüten bringen nicht nur Farbe in Ihren grünen Salat, sondern auch Aroma. Die Blüten der Orangentagetes schmecken – wie der Name schon sagt – nach Orange.

Kapuzinerkresse bringt Schärfe in Ihren Salat. Sie hat rote oder gelbe Blüten. Die unreifen grünen Samen können in Essig eingelegt und wie Kapern verwendet werden.

An Gurke erinnert das Aroma der blauen Borretschblüten. Die frischen Blätter können Gemüsegerichte verfeinern.

Im Gegensatz zu Orangentagetes, Kapuzinerkresse und Borretsch, die ursprünglich aus Mittel- und Südamerika bzw. Kleinasien stammen, ist die Ringelblume ein europäisches Gewächs. Schon in der Antike wurde sie wegen ihres gelben Farbstoffs als Ersatz für den teuren Safran hergenommen und als Heilpflanze geschätzt.

Weitere Wildkräuter, die Sie auf heimischen Wiesen finden können, sind Gänseblümchen, Brunnenkresse oder Knoblauchrauke. Letztere schmeckt zwar wie Knoblauch, verbreitet aber nach dem Verzehr keinen so intensiven Geruch wie dieser.

Kohlkultur

Spitzkohlroulade
mit Tellerfleisch und Roter Bete

ZUTATEN FÜR 4 PERSONEN

600 g Ochsenfleisch
(aus der Schulter)

Salz

1 Bund Suppengemüse (Karotte,
Lauch, Petersilienwurzel,
Knollensellerie)

2 Lorbeerblätter

3 Pimentkörner

2 Gewürznelken

200 g frische Champignons

1 Zwiebel

1 Knoblauchzehe

2 EL Pflanzenöl

frisch gemahlener Pfeffer

2 Köpfe Spitzkohl

400 g Rote Bete, gekocht

3 EL Butter

1½ EL Mehl

1 EL Schnittlauchröllchen

ZUBEREITUNGSZEIT: 45 MINUTEN
GARZEIT: 2 STUNDEN 20 MINUTEN

1 Das Fleisch waschen, trocken tupfen und in einen großen Topf legen. Wasser angießen, bis das Fleisch gut bedeckt ist. Eine gute Prise Salz dazugeben und das Wasser zum Kochen bringen. Das Ochsenfleisch bei mittlerer Hitze etwa 2 Stunden köcheln lassen.

2 Das Suppengemüse putzen, waschen und grob zerkleinern. Nach 1 Stunde mit Lorbeerblättern, Pimentkörnern und Gewürznelken zum Fleisch geben.

3 Während das Gemüse gart, die Pilze putzen und in dünne Scheiben schneiden. Die Zwiebel und den Knoblauch schälen, fein hacken. Das Öl in einer Pfanne erhitzen, Zwiebel und Knoblauch darin glasig anschwitzen. Die Pilze dazugeben, mit Salz und Pfeffer würzen und so lange braten, bis die aus den Pilzen ausgetretene Flüssigkeit vollständig verdampft ist. Vom Herd nehmen und abkühlen lassen.

4 Den Spitzkohl putzen, die Blätter lösen. Acht große Blätter in kochendem Salzwasser 1–2 Minuten blanchieren, herausnehmen, abschrecken und gut abtropfen lassen. Die Blätter nebeneinanderlegen und die harte Blattrippe entfernen.

5 Das Fleisch aus dem Sud nehmen und in 1 cm dicke Scheiben schneiden. Diese halbieren und mit der Pilzmasse in der Mitte der Kohlblätter verteilen. Die Blattränder so über die Füllung schlagen, dass sie überlappen. Die Päckchen mit Küchengarn zusammenbinden und in einen breiten Topf legen. Von dem Fleischfond 600 ml dazugießen. Die Päckchen zugedeckt 6–8 Minuten bei mittlerer Hitze fertig garen.

6 In der Zwischenzeit die Rote Bete in Spalten schneiden. In einer Pfanne 1 Esslöffel Butter zerlassen. Die Rote Bete darin unter Schwenken anbraten, mit Salz und Pfeffer würzen.

7 Die fertigen Rouladen aus den Topf nehmen und kurz warm halten. Die restliche Butter in einem Topf zerlassen, mit dem Mehl bestauben, leicht Farbe nehmen lassen. Den Fond von den Rouladen angießen. Mit einem Schneebesen kräftig verrühren, sodass sich keine Klumpen bilden. Mit Salz und Pfeffer abschmecken. Bei mittlerer Hitze 5 Minuten leicht einköcheln lassen, dann den Schnittlauch unterrühren.

8 Von den Rouladen das Küchengarn entfernen. Die Spitzkohlrouladen zusammen mit der Roten Bete auf vorgewärmten Teller anrichten und mit der Sauce beträufelt servieren.

Rotkohlrouladen

1 Vom Kohl die äußeren Blätter entfernen, den Strunk herausschneiden und den ganzen Kopf in reichlich Salzwasser 2–3 Minuten kochen. Acht bis zehn große Blätter abtrennen und die Blattrippen einschneiden. Den restlichen Kohl anderweitig verarbeiten (siehe Rezepte Seite 95 oder Seite 96).

2 Für die Füllung das Brötchen in lauwarmem Wasser einweichen. Die Zwiebeln schälen und fein würfeln. Die Birnen schälen, halbieren, das Kerngehäuse entfernen. Die Birnen in kleine Würfel schneiden und mit Zitronensaft beträufeln. Den Thymian waschen, dabei etwas für die Garnitur beiseitelegen. Die restlichen Blättchen abzupfen.

3 Das Hackfleisch mit dem Ei, dem ausgedrückten Brötchen, den Birnen, der Hälfte der Zwiebeln und dem Thymian gut verkneten. Mit Salz und Cayennepfeffer würzen.

4 Die Hackfleischmasse auf die Kohlblätter verteilen, die Seiten einschlagen und längs einrollen. Mit Holzspießchen feststecken.

5 Das Butterschmalz in einem Schmortopf erhitzen und die Rouladen darin rundherum 2–3 Minuten anbraten. Die restlichen Zwiebeln dazugeben und die Brühe angießen. Bei niedriger Hitze zugedeckt etwa 40 Minuten schmoren lassen.

6 Die Rouladen herausnehmen und warm halten. Den Schmorfond durch ein Sieb streichen und mit etwas Honig abschmecken. Die Rouladen mit der Sauce beträufeln und mit frischem Thymian garniert servieren. Dazu schmecken Petersilienkartoffeln.

ZUTATEN FÜR 4 PERSONEN
BZW. 8 ROULADEN

1 Rotkohl (etwa 1 kg)

Für die Füllung

1 Brötchen vom Vortag

2 Zwiebeln

2 feste Birnen

1 Spritzer Zitronensaft

30 g frischer Thymian

600 g gemischtes Hackfleisch · 1 Ei · Salz

1 Prise Cayennepfeffer · 2 EL Butterschmalz

400 ml Fleischbrühe

Honig

ZUBEREITUNGSZEIT: 30 MINUTEN
GARZEIT: 40 MINUTEN

Rotkohl
mit Maronen

1 Den Backofen auf 220 °C (Ober- und Unterhitze) vorheizen.

2 Die Maronen kreuzweise einritzen und im heißen Backofen etwa 30 Minuten rösten, bis die Schale gebräunt und aufgeplatzt ist. Die Maroni etwas abkühlen lassen, dann schälen.

3 Den Rotkohl putzen, waschen und längs vierteln. Den Strunk herausschneiden. Den Kohl in feine Streifen schneiden.

4 Den Apfel schälen, das Kerngehäuse entfernen und in Würfel schneiden. Die Zwiebel schälen und fein würfeln. Das Öl in einem Topf erhitzen und darin die Zwiebel kurz andünsten, dann den Rotkohl dazugeben und mitdünsten.

5 Den Essig und den Rotwein angießen. Nelken, Lorbeer und Zimt in ein Gewürzsäckchen geben und mit dem Apfel zum Rotkohl geben. Alles etwa 45 Minuten zugedeckt schmoren lassen. 10 Minuten vor Ende der Garzeit die Maroni hinzufügen und mitgaren.

6 Das Gewürzsäckchen wieder herausnehmen und den Rotkohl mit Salz, Pfeffer, Zucker und Sauerkirschkonfitüre abschmecken. In Schälchen anrichten und mit einem Thymianzweig garniert servieren.

ZUTATEN FÜR 4 PERSONEN

600 g Esskastanien (Maroni)

1 Rotkohl (etwa 1,5 kg)

1 säuerlicher Apfel (z. B. Granny Smith)

1 Zwiebel

2 EL Öl

300 ml Rotweinessig

400 ml trockener Rotwein

3 Nelken

1 Lorbeerblatt · ½ Zimtstange

Salz · frisch gemahlener Pfeffer

1 Prise Zucker

2 EL Sauerkirschkonfitüre

ZUBEREITUNGSZEIT: 45 MINUTEN
GARZEIT: 50 MINUTEN

Schweinebraten
mit Rotkohl und Kartoffelpuffern

ZUTATEN FÜR 4 PERSONEN

Für den Schweinebraten:

1,5 kg Beinschinken mit
Schwarte, küchenfertig

2 EL Honig

30 Gewürznelken

1 EL Puderzucker

Für den Rotkohl:

700 g Rotkohl

1 Apfel (Boskop) · 1 Schalotte

2 EL Butterschmalz

200 ml trockener Rotwein

2 EL Rotweinessig

1 Lorbeerblatt · 4 Gewürznelken

½ Zimtstange · Salz

frisch gemahlener Pfeffer

Für die Bratensauce:

1 Schalotte

200 ml Madeira

3 EL Weißwein · 3 EL Rotwein

400 ml Bratenfond

Für die Kartoffelpuffer:

1 kleine Zwiebel

700 kg festkochende Kartoffeln

1 Ei · 150 g Mehl

Salz · frisch gemahlener Pfeffer

Pflanzenöl (zum Braten)

50 g Butter

ZUBEREITUNGSZEIT: 1 STUNDE
GARZEIT: 1 STUNDE 50 MINUTEN

1 Den Beinschinken in einen großen Topf geben und mit kaltem Wasser bedecken. Das Wasser zum Kochen bringen und den Schinken darin 1 Stunde bei niedriger Hitze köcheln lassen. Herausnehmen, abtropfen lassen und die Schwarte rautenförmig einschneiden.

2 Den Backofen auf 200 °C (Ober- und Unterhitze) vorheizen.

3 Den Braten mit Honig bestreichen, mit den Gewürznelken spicken und auf ein Backblech setzen. Im vorgeheizten Backofen 30–45 Minuten braten. Nach der Hälfte der Bratzeit mit dem Puderzucker bestauben.

4 Den Rotkohl waschen, äußere Blätter entfernen und längs vierteln. Den Strunk herausschneiden und den Kohl quer in etwa 1 cm breite Streifen schneiden. Den Apfel waschen, vierteln, das Kerngehäuse entfernen und den Apfel in Spalten schneiden. Die Schalotte schälen und fein würfeln. Das Schmalz in einem breiten Topf erhitzen, die Schalotten darin glasig anschwitzen. Den Rotkohl und den Apfel hinzufügen, etwa 4 Minuten unter Rühren mitdünsten lassen. Den Rotwein mit 100 ml Wasser und Rotweinessig angießen. Lorbeerblatt, Gewürznelken und Zimtstange dazugeben. Mit Salz und Pfeffer würzen. Alles gut vermengen und zugedeckt etwa 30 Minuten garen.

5 Für die Bratensauce die Schalotte schälen, fein hacken und mit dem Madeira in einem Topf aufkochen. Weiß- und Rotwein dazugeben und auf die Hälfte einkochen. Den Bratenfond vom Schweinebraten dazugeben und alles wieder einkochen lassen. Nach Geschmack nochmals mit Salz und Pfeffer abschmecken.

6 Für die Kartoffelpuffer die Zwiebel sowie die Kartoffeln schälen und fein reiben. Die Kartoffeln in einem sauberen Tuch gut ausdrücken. Das Ei und das Mehl sorgfältig unter die Kartoffeln mischen. Den Teig kräftig mit Salz und Pfeffer würzen.

7 Reichlich Öl in einer Pfanne erhitzen. Für jeden Puffer 2 Esslöffel Teig in die Pfanne geben, flach drücken und auf beiden Seiten goldbraun braten. Die Puffer herausnehmen, auf Küchenkrepp abtropfen lassen und im Ofen warm halten, bis die gesamte Kartoffelmasse verarbeitet ist.

8 Vor dem Servieren die kalte Butter in die Bratensauce rühren. Die Gewürznelken vom Schinken entfernen und das Fleisch in Scheiben schneiden. Die Schweinebratenscheiben mit der Sauce, dem Rotkohl und den Puffern auf vorgewärmten Teller anrichten.

Krautwickerl
mit Kartoffelpüree

ZUTATEN FÜR 4 PERSONEN

Für die Rouladen:

18 große Blätter Weißkohl

Salz

1 rote Paprikaschote

1 Zwiebel

1 Knoblauchzehe

1 Bund Petersilie

400 g gemischtes Hackfleisch

4 EL Semmelbrösel · 1 Ei

2 EL mittelscharfer Senf

frisch gemahlener Pfeffer

1 Karotte · 100 g Knollensellerie

2 EL Butterschmalz

etwa 250 ml Gemüsebrühe

etwas Saucenbinder
(nach Belieben)

Für das Püree:

600 g mehlig kochende
Kartoffeln

60 ml heiße Milch

1 EL Butter

frisch geriebene Muskatnuss

ZUBEREITUNGSZEIT: 40 MINUTEN
GARZEIT: 1 STUNDE

1 Von zwölf schönen Weißkohlblättern die dicken Blattrippen einschneiden. Die Kohlblätter in kochendem Salzwasser etwa 2 Minuten blanchieren, herausnehmen und kalt abschrecken. Bei den übrigen Kohlblättern den Strunk entfernen und die Blätter anschließend sehr fein hacken.

2 Die Paprika waschen, putzen und halbieren. Die Samen und Scheidewände entfernen. Das Fruchtfleisch in sehr kleine Würfel schneiden. Die Zwiebel und den Knoblauch schälen und ebenfalls sehr fein würfeln. Die Petersilie waschen und fein hacken.

3 Hackfleisch, gehackten Kohl, Paprika, Zwiebel, Knoblauch, Petersilie, Semmelbrösel, Ei und Senf gut vermischen und alles kräftig durchkneten. Mit Salz und Pfeffer würzen.

4 Die Hackfleischmischung auf die Kohlblätter verteilen, die Seiten einschlagen, längs aufrollen und die Krautwickerl mit Küchengarn zusammenbinden.

5 Die Karotte sowie den Sellerie schälen und in Würfel schneiden. Das Butterschmalz in einem Bräter erhitzen. Die Rouladen darin rundherum scharf anbraten. Die Karotte und den Sellerie zugeben. Die Brühe aufgießen und die Rouladen im geschlossenen Topf etwa 45 Minuten schmoren lassen. Gelegentlich die Wickerl wenden und mit Bratfond übergießen.

6 Die garen Krautwickerl aus dem Topf nehmen. Den Schmorfond pürieren und nach Belieben mit etwas Saucenbinder eindicken. Die Sauce mit Salz und Pfeffer abschmecken. Die Rouladen wieder zurück in die Sauce geben und warm halten.

7 Für das Kartoffelpüree die Kartoffeln waschen und etwa 30 Minuten dämpfen. Dann die Kartoffeln schälen und heiß durch eine Kartoffelpresse in einen Topf drücken. Die heiße Milch und die Butter zugeben und mit einem Kochlöffel glatt rühren. Mit Salz und Muskat abschmecken.

8 Die Kohlrouladen mit der Sauce und dem Kartoffelpüree anrichten.

Weißkraut
aus dem Glas

1 Die Einmachgläser heiß auswaschen und mindestens 10 Minuten im Backofen bei 120 °C sterilisieren. Die Schraubdeckel oder die Gummiringe mit kochendem Wasser übergießen.

2 Den Weißkohl vierteln, den Strunk herausschneiden und den Kohl fein hobeln.

3 Die Äpfel waschen, vierteln und die Kerngehäuse entfernen. Dann die Apfelviertel in dünne Spalten schneiden.

4 Für den Sud den Essig mit 400 ml Wasser, Salz, Zucker, Wacholderbeeren und Lorbeerblättern aufkochen lassen. Den gehobelten Weißkohl hinzufügen und in 4–5 Minuten bissfest kochen. Anschließend die Apfelspalten mit in den Topf geben, den Sud nochmals aufkochen lassen. Die Äpfel und den Kohl sofort mit einem Schaumlöffel aus dem Sud nehmen und auf die vorbereiteten Gläser verteilen.

5 Den Sud nochmals aufkochen lassen und kochend heiß über Weißkohl und Äpfel gießen, sodass alles gut bedeckt ist. Den Glasrand säubern, die Gläser gut verschließen und auskühlen lassen. An einem dunklen, kühlen Ort etwa 4 Wochen durchziehen lassen.

ERGIBT 2 LITER

4 Einmachgläser à 500 ml Inhalt

1 Weißkohl (etwa 1 kg) · 2 Äpfel

Für den Sud:

400 ml Weißweinessig · 400 ml Wasser

2 EL Salz · 1 EL Zucker

1 TL Wacholderbeeren

4 frische Lorbeerblätter

ZUBEREITUNGSZEIT: 30 MINUTEN
GARZEIT: 10 MINUTEN
RUHEZEIT: 4 WOCHEN

TIPP

Das Weißkraut aus dem Glas schmeckt sowohl als warme Beilage als auch kalt. Dunkel und kühl gelagert hält das Kraut einige Monate.

Krautfleckerl
mit Frischkäse

1 Für den Nudelteig Mehl, Eier, Öl und ½ TL Salz zu einem glatten, seidigen Teig kneten. Diesen zu einer Kugel formen und in Folie gewickelt etwa 30 Minuten ruhen lassen.

2 Aus dem Teig mit der Nudelmaschine dünne Nudelplatten ausrollen oder portionsweise auf einer bemehlten Arbeitsfläche sehr dünn ausrollen. Die Teigplatten in etwa 2–3 cm große Quadrate (Fleckerl) schneiden. Auf einem bemehlten Blech locker verteilen, damit sie nicht zusammenkleben, und 1 Stunde trocknen lassen.

3 Für das Kraut den Weißkrautkopf putzen, halbieren und den Strunk sowie grobe Blattrippen herausschneiden. Das Kraut erst längs, dann quer in Stücke etwa in Größe der Fleckerl teilen. Waschen und im Sieb abtropfen lassen.

4 Die Zwiebel schälen und ebenso wie den Speck fein würfeln. Das Öl in einem Topf erhitzen und den Speck darin auslassen. Den Puderzucker dazugeben, leicht karamellisieren. Die Zwiebel hinzufügen und 1–2 Minuten mitdünsten, mit dem Essig ablöschen.

5 Das Kraut mit dem Kümmel in die Pfanne geben, etwas andünsten und zugedeckt bei mittlerer Hitze möglichst im eigenen Saft etwa 20 Minuten nicht ganz weich schmoren. Falls nötig, noch etwas Wasser dazugeben. Mit Salz und Pfeffer würzen.

6 Inzwischen die Nudelquadrate in reichlich Salzwasser in 4–5 Minuten bissfest garen, abgießen und mit dem Kraut mischen. Mit Salz und Pfeffer abschmecken. Die Krautfleckerl in tiefe Teller geben, den Frischkäse darauf verteilen und heiß servieren.

ZUTATEN FÜR 4 PERSONEN

Für den Nudelteig:

300 g Mehl · 3 Eier

1 TL Pflanzenöl · Salz

Mehl (für die Arbeitsfläche)

Für das Kraut:

½ Kopf Weißkraut (etwa 600 g)

1 Zwiebel · 100 g geräucherter Speck

1 EL Pflanzenöl · 1 TL Puderzucker

1–2 EL Weinessig · 1 TL Kümmel

Salz · frisch gemahlener Pfeffer

150 g körniger Frischkäse

ZUBEREITUNGSZEIT: 45 MINUTEN
RUHEZEIT: 1 STUNDE 30 MINUTEN
GARZEIT: 25 MINUTEN

Krautkrapfen

ZUTATEN FÜR 4 PERSONEN

Für den Teig:

300 g Mehl

3 Eier

2 EL Öl

Salz

Für das Kraut:

1 Zwiebel

100 g durchwachsener
Bauchspeck, gewürfelt

700 g Sauerkraut (aus der Dose)

2 Lorbeerblätter

3 Wacholderbeeren

2 Pimentkörner

1 TL Kümmelsamen

150 ml trockener Weißwein

Salz

frisch gemahlener Pfeffer

Mehl (für die Arbeitsfläche)

Butter (für die Form und
zum Beträufeln)

ZUBEREITUNGSZEIT: 40 MINUTEN
RUHEZEIT: 30 MINUTEN
GARZEIT: 1 STUNDE

1 Für den Teig das Mehl, die Eier, das Öl und 1 Prise Salz in einer Schüssel verkneten. Falls der Teig zu trocken ist, etwas kaltes Wasser dazugeben. Den Teig abgedeckt etwa 30 Minuten ruhen lassen.

2 Für das Kraut die Zwiebel schälen und fein hacken. Den Speck in einem Topf ohne Fett auslassen. Die Zwiebelwürfel in den Topf geben und 1–2 Minuten mit anschwitzen. Das Kraut, Lorbeerblätter, Wacholderbeeren, Pimentkörner und Kümmel hinzufügen, den Wein angießen und mit Salz und Pfeffer würzen. Bei mittlerer Hitze etwa 20 Minuten köcheln lassen. Das Sauerkraut noch einmal mit Salz und Pfeffer abschmecken, die Gewürze entfernen und das Kraut etwas abkühlen lassen.

3 Den Backofen auf 180 °C (Ober- und Unterhitze) vorheizen.

4 Den Nudelteig auf einer bemehlten Arbeitsfläche dünn ausrollen, mit Mehl bestauben, falten und erneut dünn ausrollen. Diesen Vorgang dreimal wiederholen und zuletzt den Teig zu einem 45 x 60 cm großen Rechteck ausrollen.

5 Das Sauerkraut darauf gleichmäßig verteilen, dabei einen 1 cm breiten Rand frei lassen. Diesen mit kaltem Wasser bestreichen und die Teigplatte locker zu einer Roulade aufrollen. Die Ränder fest andrücken.

6 Die Roulade in etwa 5 cm breite Stücke schneiden und diese aufrecht in einer gebutterten Form nebeneinandersetzen. Die gerollten Krapfen mit geschmolzener Butter beträufeln und im vorgeheizten Ofen etwa 40 Minuten backen. Die fertigen Krautkrapfen heiß in der Form servieren.

Schupfnudeln
mit Sauerkraut

ZUTATEN FÜR 4 PERSONEN

Für die Schupfnudeln:

1 kg mehlig kochende Kartoffeln

Salz

2 Eier

150 g Mehl

4 EL Grieß

frisch geriebene Muskatnuss

frisch gemahlener Pfeffer

Für das Sauerkraut:

1 Apfel

1 Zwiebel

3 EL Butter

1 Dose Sauerkraut
(770 g Abtropfgewicht)

5–6 Wacholderbeeren

2 Lorbeerblätter

Zucker

1–2 EL Kümmel

150 ml Apfelwein (ersatzweise
Weißwein oder Apfelsaft)

Speck, gewürfelt (nach Belieben)

ZUBEREITUNGSZEIT: 45 MINUTEN
GARZEIT: 25 MINUTEN

1 Für die Schupfnudeln die Kartoffeln waschen und in kochendem Salzwasser garen. Abgießen, schälen, durch eine Kartoffelpresse drücken und abkühlen lassen.

2 Die Kartoffelmasse mit Eiern, Mehl, Grieß, Muskat, Salz und Pfeffer zu einem Teig verarbeiten und zu einer Rolle formen (etwa 1,5 cm dick). Etwa 2 cm breite Stücke abschneiden und diese mit den Händen zu Schupfnudeln formen. In leicht kochendem Salzwasser 2 Minuten gar ziehen lassen. Mit einer Schaumkelle herausheben und gut abtropfen lassen.

3 Für das Sauerkraut den Apfel waschen, halbieren, das Kerngehäuse entfernen und in dünne Spalten schneiden. Die Zwiebeln schälen und fein hacken. In einem Topf 1 Esslöffel Butter erhitzen. Den Apfel und die Zwiebel kurz darin andünsten.

4 Das Sauerkraut, die Wacholderbeeren, die Lorbeerblätter sowie 2 Prisen Zucker und den Kümmel dazugeben. Den Apfelwein und etwa 150 ml Wasser angießen. Den Sud etwa 15 Minuten bei mittlerer Hitze köcheln lassen.

5 Die restliche Butter in einer großen beschichteten Pfanne erhitzen und die Schupfnudeln darin goldbraun anbraten. Das Sauerkraut unterheben und mit Salz und Pfeffer würzen. Nach Belieben noch gewürfelten Speck mit anbraten. Auf vorgewärmten Tellern anrichten und servieren.

Blumenkohlsalat

mit getrockneten Tomaten

700 g Blumenkohl

Salz

1 Schalotte

150 ml Gemüsebrühe

½ rote Paprikaschote

4 getrocknete Tomaten,
in Öl eingelegt

1 EL Zitronensaft

1 EL Weißweinessig

Salz

50 g entsteinte grüne Oliven

2 EL Olivenöl

4 kleine grüne Blumenkohlblätter
(zum Garnieren)

4 Stängel Petersilie
(zum Garnieren)

frisch gemahlener Pfeffer

ZUBEREITUNGSZEIT: 30 MINUTEN
MARINIERZEIT: 30 MINUTEN

1 Den Blumenkohl putzen, in Röschen teilen, waschen, dabei große Röschen halbieren. In wenig Salzwasser in etwa 8 Minuten bissfest kochen.

2 Die Schalotte schälen, sehr fein würfeln und in einem Topf in der Gemüsebrühe etwa 3 Minuten kochen. Die Paprika waschen, halbieren, die Samen sowie die Scheidewände entfernen und das Fruchtfleisch fein würfeln. Die getrockneten Tomaten abtropfen lassen, anschließend in feine Streifen schneiden.

3 Nach Ende der Garzeit den Blumenkohl aus dem Wasser nehmen, die Gemüsebrühe vom Herd ziehen und den Blumenkohl in die Brühe geben. Den Zitronensaft, den Essig und Salz dazugeben. Zugedeckt etwa 30 Minuten durchziehen lassen.

4 Die Oliven in Scheiben schneiden. Nach 30 Minuten das Olivenöl, die Paprika, die Tomaten und die Oliven unter den Salat mischen und in kleine Schälchen füllen. Mit je einem kleinen Blumenkohlblatt und der Petersilie garnieren. Mit frisch gemahlenem Pfeffer bestreut servieren.

Blumenkohlsuppe

1 Den Blumenkohl putzen, in Röschen teilen, waschen und gut abtropfen lassen. Den Stiel und die Röschen klein schneiden.

2 Die Schalotte schälen und fein hacken. In einem Topf die Butter zerlassen und die Zwiebel darin glasig anschwitzen. Mit Mehl bestauben, die Butter leicht Farbe nehmen lassen. Den Blumenkohl dazugeben und die Brühe angießen. Mit Salz und Pfeffer würzen. Alles bei mittlerer Hitze 20–25 Minuten köcheln lassen.

3 Einige Röschen für die Garnitur aus der Suppe nehmen und beiseite stellen. Die restliche Suppe mit einem Pürierstab fein pürieren, dabei die Sahne unterrühren. Erneut aufkochen und mit Muskat abschmecken. Sollte die Suppe zu dickflüssig sein, noch etwas Brühe dazugießen.

4 Den Schnittlauch waschen, trocken schütteln und in feine Röllchen schneiden. Die ganzen Blumenkohlröschen wieder zu der Suppe geben. Die Suppe auf vorgewärmte Suppenschalen verteilen und mit einem Klecks Sahne und Schnittlauchröllchen garniert servieren.

ZUTATEN FÜR 4 PERSONEN

1 Blumenkohl (etwa 600–700 g)

1 Schalotte

2 EL Butter

1 EL Mehl

900 ml Gemüsebrühe

Salz

frisch gemahlener Pfeffer

200 ml Sahne (mindestens 30 % Fett)

frisch geriebene Muskatnuss

½ Bund Schnittlauch

2 EL steif geschlagene Sahne
(mindestens 30 % Fett)

ZUBEREITUNGSZEIT: 30 MINUTEN
GARZEIT: 30 MINUTEN

Blumenkohlgratin
mit Äpfeln und Bergkäse

1 Den Backofen auf 200 °C (Ober- und Unterhitze) vorheizen.

2 Die Kartoffeln waschen und in kochendem Salzwasser 10 Minuten vorkochen. Abgießen, etwas ausdampfen lassen und schälen.

3 Den Blumenkohl putzen, in Röschen teilen, waschen und in Salzwasser etwa 10 Minuten blanchieren. Herausnehmen, abschrecken und gut abtropfen lassen.

4 Den Apfel waschen, vierteln, das Kerngehäuse entfernen und das Fruchtfleisch in kleine Würfel schneiden. Die Apfelstücke mit dem Zitronensaft beträufeln.

5 Die Eier mit der Sahne verrühren und mit Salz, Pfeffer und Muskat würzen. Die Hälfte von dem Käse unterrühren.

6 Die Kartoffeln in Scheiben schneiden und mit dem Blumenkohl in eine gebutterte Auflaufform schichten. Die Apfelwürfel verteilen und alles mit der Eiersahne begießen. Den restlichen Käse darüberstreuen. Im vorgeheizten Ofen etwa 30 Minuten gratinieren.

7 In der Zwischenzeit die Butter in einer Pfanne zerlassen. Die Semmelbrösel einrühren und leicht Farbe nehmen lassen. Das fertige Gratin aus den Ofen nehmen und mit den Bröseln bestreut servieren.

ZUTATEN FÜR 4 PERSONEN

300 g festkochende Kartoffeln

Salz

300 g Blumenkohl

1 Apfel (z. B. Boskop)

1 EL Zitronensaft

3 Eier

450 ml Sahne (mindestens 30 % Fett)

frisch gemahlener Pfeffer

frisch geriebene Muskatnuss

125 g Bergkäse, frisch gerieben

100 g Butter + Butter für die Form

75 g Semmelbrösel

ZUBEREITUNGSZEIT: 30 MINUTEN
BACKZEIT: 40 MINUTEN

Lachs-Garnelen-Topf
mit Brokkoli

ZUTATEN FÜR 4 PERSONEN

400 g Brokkoli

Salz

300 g Lachsfilet (ohne Haut)

30 g Butter

2 EL Mehl

150 ml trockener Weißwein

500 ml Fischfond

200 ml Sahne
(mindestens 30 % Fett)

2 EL Hummerpaste

4 cl Weinbrand

frisch gemahlener Pfeffer

300 g Garnelen, geschält und
entdarmt

2 EL frisch gehackte Petersilie
(zum Garnieren)

ZUBEREITUNGSZEIT: 30 MINUTEN
GARZEIT: 30 MINUTEN

1 Den Brokkoli waschen, in Röschen teilen und im kochenden Salzwasser 3–4 Minuten bissfest blanchieren. Herausnehmen, kalt abschrecken und beiseite stellen.

2 Den Lachs waschen, trocken tupfen und in mundgerechte Würfel schneiden. In einem Topf die Butter zerlassen und das Mehl einrühren. Mit dem Weißwein, dem Fischfond sowie der Sahne aufgießen und mit einem Schneebesen kräftig verrühren, sodass sich keine Klumpen bilden. Alles 10–15 Minuten bei mittlerer Hitze unter ständigem Rühren köcheln lassen.

3 Die Hummerpaste und den Weinbrand dazugeben und mit Salz und Pfeffer abschmecken. Abschließend den Fisch mit den Garnelen und dem Gemüse in die Sauce legen und etwa 10 Minuten ziehen lassen. In einem vorgewärmten tiefen Teller den Lachs-Garnelen-Topf anrichten und mit Petersilie bestreut servieren.

TIPP

Der Lachs-Garnelen-Topf schmeckt auch sehr gut mit Blumenkohl anstelle von Brokkoli. Die Blumenkohlröschen müssen allerdings ein paar Minuten länger blanchiert werden.

Brokkoli-Gemüse-Kuchen

1 Für den Mürbeteig das Mehl mit dem Salz mischen und auf die Arbeitsfläche sieben. In die Mitte eine Mulde drücken und die klein geschnittene kalte Butter, das Ei und das Eigelb hineingeben. Alles rasch zu einem glatten Teig verkneten, zu einer Kugel formen und den Teig in Frischhaltefolie gewickelt 1 Stunde im Kühlschrank ruhen lassen.

2 Den Backofen auf 200 °C (Ober- und Unterhitze) vorheizen.

3 Den Teig in vier gleich große Portionen teilen. Diese portionsweise auf der bemehlten Arbeitsfläche etwa 3–4 mm dick ausrollen. Die Förmchen buttern und mit dem Teig auslegen. Den Teig mit den Fingern an den Rand der Förmchen drücken, überstehende Ränder abschneiden.

4 Auf den Teigboden Backpapier legen und mit Hülsenfrüchten beschweren. Im vorgeheizten Ofen etwa 10 Minuten blindbacken. Die Förmchen herausnehmen, das Papier und die Hülsenfrüchte entfernen.

5 Für den Belag den Brokkoli in Röschen teilen, waschen und in kochendem Salzwasser einige Minuten blanchieren. Herausnehmen und in Eiswasser abschrecken, gut abtropfen lassen. Die Zwiebel schälen und wie den Schinken würfeln. Die Butter in einer Pfanne erhitzen und die Zwiebel- und Schinkenwürfel darin anschwitzen, dann abkühlen lassen.

6 Das Ei, das Eigelb und die Sahne in einer Schüssel verquirlen. Den Käse unterrühren und mit Salz, Pfeffer und Muskat abschmecken.

7 Die Brokkoliröschen auf die Förmchen verteilen. Mit der Zwiebel-Schinken-Masse und der Eiersahne gleichmäßig bedecken und auf der mittleren Schiene im vorgeheizten Backofen etwa 20–25 Minuten backen.

8 Für die Joghurtsauce den Joghurt mit dem Cayennepfeffer in einer Schüssel glatt rühren. Die Kräuter waschen, trocken schütteln und hacken. Mit der Zwiebel und dem Knoblauch unter den Joghurt ziehen.

9 Den Brokkolikuchen aus dem Ofen nehmen, etwas abkühlen lassen und vorsichtig aus den Förmchen lösen. Mit der Joghurtsauce servieren.

ZUTATEN FÜR 4 TARTELETTEFORMEN
(10 CM DURCHMESSER)

200 g Mehl · 1 Prise Salz

140 g kalte Butter · 1 Ei · 1 Eigelb

Mehl (für die Arbeitsfläche) · Butter (für die Form)

200 g Brokkoli · 30 g Zwiebel · 10 g Butter

50 g roh geräucherter Schinken · 1 Ei · 1 Eigelb

150 ml Sahne (mindestens 30 % Fett)

40 g Emmentaler, gerieben

frisch gemahlener Pfeffer

frisch geriebene Muskatnuss

200 g Vollmilchjoghurt · Cayennepfeffer

3 EL Kräuter (Petersilie, Pimpinelle, Dill)

1 EL Zwiebel · ½ Knoblauchzehe, gehackt

ZUBEREITUNGSZEIT: 45 MINUTEN
KÜHLZEIT: 1 STUNDE
BACKZEIT: 35 MINUTEN

Brokkoli-Karotten-Salat

1 Den Blumenkohl und den Brokkoli putzen, in Röschen teilen und waschen. Die Blumenkohlröschen in kochendem Salzwasser 7 Minuten und den Brokkoli 5 Minuten blanchieren. Herausnehmen, kalt abschrecken und abtropfen lassen.

2 Die Karotten schälen, schräg in 1 cm breite Scheiben schneiden und diese in kochendem Salzwasser 2 Minuten blanchieren. Ebenfalls abgießen und gut abtropfen lassen.

3 Das Basilikum waschen, trocken schütteln und einzelne Blättchen abzupfen.

4 In einer Pfanne das Öl erhitzen und das Gemüse unter gelegentlichem Schwenken anbraten. Mit dem Essig ablöschen, mit Salz und Pfeffer würzen.

5 Das Basilikum unterheben und den warmen Salat auf vorgewärmten Tellern servieren.

ZUTATEN FÜR 4 PERSONEN

250 g Blumenkohl

250 g Brokkoli

Salz

250 g Karotten

1 Bund Basilikum

3 EL Olivenöl

2 EL dunkler Balsamicoessig

frisch gemahlener Pfeffer

ZUBEREITUNGSZEIT: 30 MINUTEN
GARZEIT: 15 MINUTEN

Rosenkohlsalat
mit Lachs und Zwiebeln

1 Den Rosenkohl gründlich putzen und am Stielansatz kreuzweise einschneiden. In Salzwasser etwa 10 Minuten gar köcheln lassen. Die Röschen abschrecken und gut abtropfen lassen.

2 Das Öl in einer Pfanne erhitzen und den Rosenkohl darin 1–2 Minuten schwenken, dann beiseite stellen.

3 Die Zwiebel schälen, in Ringe schneiden und zusammen mit dem Lachs und dem lauwarmen Rosenkohl in einer Schüssel locker vermengen. Mit Dill und Meerrettich bestreuen und nach Geschmack mit Zitronensaft beträufeln.

ZUTATEN FÜR 4 PERSONEN

800 g Rosenkohl

Salz

2 EL Traubenkernöl

1 weiße Zwiebel

250 g Räucherlachs

1 EL frisch gehackter Dill

1 EL frisch geriebener Meerrettich

1–2 EL Zitronensaft

ZUBEREITUNGSZEIT: 20 MINUTEN
GARZEIT: 12 MINUTEN

TIPP

Das Einschneiden am Stielansatz dient dazu, dass der Rosenkohl gleichmäßig gar wird, und innen nicht „roh" bleibt.

Rosenkohlsuppe
mit Speck

1 Den Rosenkohl putzen, waschen und vierteln.

2 Die Schalotte schälen und wie den Speck fein würfeln. Das Öl in einer Pfanne erhitzen und darin die Schalotte und den Speck anschwitzen. Den Rosenkohl zugeben, kurz mitdünsten und leicht mit Mehl bestauben. Die Brühe angießen und alles bei mittlerer Hitze etwa 20 Minuten köcheln lassen.

3 Für die Garnitur 4 Esslöffel von dem Rosenkohl mit etwas Speck aus der Suppe nehmen und beiseite stellen. Die restliche Suppe mit einem Pürierstab fein pürieren und dabei die Sahne untermischen.

4 Die Suppe noch einmal aufkochen. Mit Salz, Pfeffer und Muskat abschmecken und den beiseitegelegten Rosenkohl mit den Speckwürfeln wieder zugeben. Die Suppe in vorgewärmte Suppenschälchen füllen und servieren.

ZUTATEN FÜR 4 PERSONEN

600 g Rosenkohl

1 Schalotte

150 g geräucherter Bauchspeck, gewürfeltl

2 EL Pflanzenöl

1 EL Mehl

800 ml Gemüsebrühe

200 ml Sahne (mindestens 30 % Fett)

Salz

frisch gemahlener Pfeffer

frisch geriebene Muskatnuss

ZUBEREITUNGSZEIT: 30 MINUTEN
GARZEIT: 25 MINUTEN

Rosenkohl
mit scharfer Salami und Reis

ZUTATEN FÜR 4 PERSONEN

400 g Rosenkohl

150 g scharfe Salami

1 Schalotte

1 Knoblauchzehe

2 EL Olivenöl

200 g Langkornreis

700 ml Gemüsebrühe

100 g Sauerrahm

Salz

frisch gemahlener Pfeffer

ZUBEREITUNGSZEIT: 30 MINUTEN
GARZEIT: 25 MINUTEN

1 Den Rosenkohl putzen, waschen und gut abtropfen lassen. Nach Belieben halbieren oder am Stielansatz kreuzweise einschneiden.

2 Die Haut von der Salami abziehen und in schmale Scheiben schneiden. Die Schalotte und den Knoblauch schälen und fein hacken.

3 In einem Topf das Öl erhitzen und die Salami mit der Schalotte und dem Knoblauch anbraten. Den Rosenkohl und den Reis zugeben und mit der Brühe aufgießen. Bei mittlerer Hitze etwa 20 Minuten köcheln lassen, bis der Rosenkohl und der Reis gar sind.

4 Zum Schluss den Sauerrahm unterrühren und alles mit Salz und Pfeffer abschmecken. Im Topf angerichtet servieren.

TIPP

Schmeckt Ihnen Rosenkohl manchmal zu bitter? Dann kochen Sie ihn separat in Wasser mit etwas Zucker. Das mildert den bitteren Geschmack.

Wirsingpäckchen
mit Schweinefilet-Champignon-Füllung

ZUTATEN FÜR 4 PERSONEN

2 Lauchzwiebeln

¼ Knolle Sellerie

1 Karotte

600 g festkochende Kartoffeln

2 EL Butter

Salz

frisch gemahlener Pfeffer

400 ml Gemüsebrühe

8 große Wirsingblätter

400 g weiße Champignons

2 Schalotten

1 TL frisch geriebener
Meerrettich

1 Eigelb

50 g Emmentaler, frisch gerieben

600 g Schweinefilet

1 EL Pflanzenöl

2 EL Schnittlauchröllchen
(zum Garnieren)

ZUBEREITUNGSZEIT: 40 MINUTEN
GARZEIT: 30 MINUTEN

1 Die Lauchzwiebeln putzen und waschen. Den Sellerie, die Karotte und die Kartoffeln schälen und in feine Würfel schneiden. Die Lauchzwiebeln in Ringe schneiden. In einem Topf 1 Esslöffel Butter erhitzen. Darin das Gemüse anschwitzen. Mit Salz und Pfeffer würzen. Die Brühe angießen und zugedeckt bei kleiner Hitze etwa 10 Minuten köcheln lassen.

2 In der Zwischenzeit die Wirsingblätter in Salzwasser etwa 2 Minuten blanchieren. Herausnehmen, kalt abschrecken und trocken tupfen. Die Pilze putzen und die Schalotten schälen, beides fein hacken.

3 Die restliche Butter in einem Topf erhitzen, die Zwiebeln und Pilze so lange dünsten, bis die Flüssigkeit verdampft ist. Mit Salz, Pfeffer und Meerrettich würzen, vom Herd nehmen und etwas abkühlen lassen. Das Eigelb und den Käse unterrühren.

4 Das Schweinefilet abbrausen, trocken tupfen und in acht gleich große Scheiben schneiden. Etwas flach drücken, mit Salz und Pfeffer würzen. In einer Pfanne das Öl erhitzen, die Medaillons von beiden Seiten anbraten und aus der Pfanne nehmen.

5 Die Wirsingblätter auf einer Arbeitsfläche ausbreiten. Die Hälfte der Pilzfarce auf die Blätter streichen und die Medaillons darauflegen. Die restliche Farce auf das Fleisch streichen. Den Wirsing zu Päckchen falten, mit Küchengarn zusammenbinden und die Päckchen zum Kartoffelgemüse in den Topf legen. Weitere 15 Minuten zugedeckt schmoren lassen.

6 Die Wirsingpäckchen aus dem Topf nehmen und das Küchengarn entfernen. Auf dem Bouillongemüse anrichten und mit Schnittlauch bestreut servieren.

Wirsingkuchen

1 Für den Teig die Hefe zerbröckeln und mit 3 Esslöffeln lauwarmem Wasser verrühren. Das Mehl mit dem Salz mischen, in eine Schüssel geben und eine Mulde hineindrücken. Die Hefemischung hineingießen, mit Mehl bestauben und 15 Minuten gehen lassen.

2 Anschließend 100–120 ml lauwarmes Wasser sowie das Öl dazugeben und alles auf der Arbeitsfläche zu einem geschmeidigen Hefeteig verkneten. Zurück in die Schüssel geben und abgedeckt an einem warmen Ort 1 Stunde gehen lassen, bis der Teig sein Volumen verdoppelt hat.

3 Für die Füllung den Wirsing putzen, den Strunk herausschneiden und die einzelnen Blätter lösen. Die Blätter in reichlich Salzwasser 3 Minuten blanchieren, anschließend herausnehmen, kalt abschrecken und abtropfen lassen.

4 Die Speckscheiben klein schneiden und in einer kleinen Pfanne ohne Fett auslassen. Herausnehmen und auf Küchenkrepp abtropfen lassen.

5 Den Apfel waschen, vierteln und das Kerngehäuse entfernen. Das Fruchtfleisch in Spalten schneiden und mit Zitronensaft beträufeln.

6 Den Backofen auf 180 °C (Ober- und Unterhitze) vorheizen.

7 Nach der Ruhezeit den Teig nochmals kräftig durchkneten, dabei nach Bedarf noch etwas Mehl dazugeben. Eine Springform fetten und bemehlen. Den Teig ausrollen und die Form damit auslegen. Einen 5 cm hohen Rand formen.

8 Die Eier mit der Milch und der Sahne verquirlen. Mit Salz, Pfeffer, Kümmel und Muskat würzen. Den Wirsing und die Hälfte des Specks unterheben. Die Mischung auf dem Teigboden verteilen, mit den Apfelspalten belegen und im vorgeheizten Ofen 30 Minuten backen.

9 Nach 30 Minuten den Kuchen mit dem restlichen Speck belegen und weitere 15–20 Minuten backen. Der Rand sollte schön knusprig und die Eiermasse gestockt sein. Die Petersilie waschen, trocken schütteln und die Blättchen fein hacken. Den Kuchen mit der Petersilie garniert servieren.

ZUTATEN FÜR 4 PERSONEN

Für den Teig:

20 g frische Hefe · 300 g Mehl · 1 TL Salz
2 EL Olivenöl · Mehl (für die Arbeitsfläche)

Für die Füllung:

650 g Wirsing · Salz · 150 g Speck, in Scheiben
1 Apfel · 1 EL Zitronensaft
Butter (für die Form) · 3 Eier · 100 ml Milch
150 ml Sahne (mindestens 30 % Fett)
frisch gemahlener Pfeffer · ½ TL Kümmelsamen
frisch gemahlene Muskatnuss
1 Bund Petersilie (zum Garnieren)

ZUBEREITUNGSZEIT: 40 MINUTEN
RUHEZEIT: 1 STUNDE 15 MINUTEN
BACKZEIT: 50 MINUTEN

Wirsingeintopf
mit Birnen und Schweinefilet

1 Den Wirsing putzen, die Blätter lösen, waschen, trocken schütteln und in Streifen schneiden.

2 Die Karotten schälen, der Länge nach halbieren und in dünne Scheiben schneiden. Den Lauch der Länge nach einschneiden, putzen, gründlich waschen und in schmale Streifen schneiden.

3 Die Birne waschen, vierteln, das Kerngehäuse entfernen und die Birnenviertel ebenfalls in schmale Scheiben schneiden. Die Scheiben sofort mit dem Zitronensaft beträufeln.

4 In einem Topf das Öl erhitzen und die Karotten mit dem Lauch anschwitzen. Den Wirsing zugeben, kurz mitschwitzen lassen und die Brühe angießen. Sternanis und Lorbeerblatt dazugeben, mit Salz und Pfeffer würzen und bei mittlerer Hitze etwa 20 Minuten köcheln lassen.

5 In der Zwischenzeit das Fleisch waschen, trocken tupfen, gegebenenfalls parieren. Wenn das Gemüse 20 Minuten geköchelt hat, das Fleisch zusammen mit der Birne in die Suppe legen und 10–15 Minuten gar ziehen lassen. Herausnehmen und in Scheiben schneiden. Die Suppe noch einmal mit Salz und Pfeffer abschmecken. Zusammen mit den Fleischscheiben in vorgewärmten Suppenschälchen anrichten und servieren.

ZUTATEN FÜR 4 PERSONEN

400 g Wirsing

2 Karotten

1 kleine Stange Lauch

1 Birne

1 EL Zitronensaft

2 EL Pflanzenöl

800–1000 ml Gemüsebrühe

1 Sternanis

1 Lorbeerblatt

Salz

frisch gemahlener Pfeffer

250 g Schweinefilet

ZUBEREITUNGSZEIT: 30 MINUTEN
GARZEIT: 40 MINUTEN

Wirsingsuppe
mit Bohnen und Speck

ZUTATEN FÜR 4 PERSONEN

400 g getrocknete weiße Bohnen

1 Wirsing (etwa 500 g)

2 Zwiebeln

2 Knoblauchzehen

3 EL Olivenöl

100 g Speck,
in Streifen geschnitten

1 TL frisch gehackter Rosmarin

Salz

frisch gemahlener Pfeffer

400 ml Gemüsebrühe

300 g Weißbrot vom Vortag,
in kleine Würfel geschnitten

Bergkäse, frisch gehobelt

ZUBEREITUNGSZEIT: 25 MINUTEN
EINWEICHZEIT: 12 STUNDEN
GARZEIT: 1 STUNDE 15 MINUTEN

1 Die Bohnen über Nacht in Wasser einweichen und am nächsten Tag im Einweichwasser in etwa 45 Minuten gar kochen.

2 Den Wirsing waschen, putzen und in mundgerechte Stücke schneiden. Zwiebeln und Knoblauch schälen und fein würfeln. In einem großen Topf das Olivenöl erhitzen und darin den Speck und den Rosmarin sanft andünsten. Den Wirsing hinzufügen und alles mit Salz und Pfeffer würzen.

3 Ein Viertel der Bohnen aus dem Kochwasser nehmen, den Rest im Kochwasser pürieren. Die restlichen Bohnen beiseite stellen. Die pürierten Bohnen zum Wirsing geben, mit der Brühe aufgießen und etwa 30 Minuten bei sanfter Hitze kochen.

4 Etwa 5 Minuten vor Ende der Garzeit die ganzen Bohnen und die Brotwürfel zugeben. Die Suppe noch einmal mit Salz und Pfeffer abschmecken und nach Belieben mit Bergkäse bestreut servieren.

Grünkohl-Kartoffel-Auflauf
mit Schinken

ZUTATEN FÜR 4 PERSONEN

200 g frischer Grünkohl

Salz

400–500 g festkochende Kartoffeln

200 g gekochter Schinken (am Stück)

3 Eier

450 ml Sahne (mindestens 30 % Fett)

150 g Crème fraîche

1 TL mittelscharfer Senf

125 g Käse (z. B. Gouda), frisch gerieben

frisch gemahlener Pfeffer

frisch geriebene Muskatnuss

Butter (für die Form)

ZUBEREITUNGSZEIT: 35 MINUTEN
BACKZEIT: 40 MINUTEN

1 Den Backofen auf 200 °C (Ober- und Unterhitze) vorheizen.

2 Den Grünkohl putzen, die Blätter lösen und waschen. In kochendem Salzwasser 2 Minuten blanchieren, herausnehmen, abschrecken und abtropfen lassen. Die dicken Blattrippen entfernen und die Blätter in Streifen schneiden.

3 Die Kartoffeln schälen, waschen und in dünne Scheiben schneiden oder hobeln. Den Schinken in 1 cm kleine Würfel schneiden.

4 Die Eier mit der Sahne, der Crème fraîche, dem Senf und der Hälfte des Käses verrühren. Mit Salz, Pfeffer und Muskat würzen.

5 Die Kartoffeln mit dem Grünkohl dachziegelartig in eine gebutterte Auflaufform schichten. Die Schinkenwürfel darauf verteilen und die Eiersahne darübergießen. Mit dem restlichen Käse bestreuen und im vorgeheizten Ofen 35–40 Minuten goldbraun backen. Den Auflauf herausnehmen und sofort servieren.

Grünkohl mit Pinkel

1 Den Grünkohl putzen, die Blätter vom Strunk lösen und waschen. Anschließend 2 Minuten im kochenden Wasser blanchieren. Herausnehmen und grob hacken.

2 Die Zwiebeln schälen und hacken. In einem großen Bräter das Schweineschmalz erhitzen und die Zwiebel darin anschwitzen. Den Grünkohl dazugeben, gut mit Pfeffer würzen und mit Fleischbrühe aufgießen. Bei mittlerer Hitze 30 Minuten köcheln lassen.

3 Das Rauchfleisch in den Topf geben und zugedeckt weitere 15 Minuten garen.

4 Die Mettwurst in Scheiben schneiden und zusammen mit dem Pinkel weitere 20 Minuten bei geringer Hitze im Topf ziehen lassen. Die Haferflocken einrühren und 10 Minuten quellen lassen.

5 Mit Salz und Pfeffer nochmals abschmecken und auf Tellern anrichten. Als Beilage werden traditionell Salz- oder Bratkartoffeln serviert.

ZUTATEN FÜR 4 PERSONEN

1 kg Grünkohl

2 Zwiebeln · 2 EL Schweineschmalz

frisch gemahlener Pfeffer

300 ml Fleischbrühe · 200 g Rauchfleisch

250 g geräucherte Mettwurst

350 g Pinkel (Grützwurst aus Bremen)

2–3 EL Haferflocken · Salz

gegarte Salzkartoffeln (als Beilage)

ZUBEREITUNGSZEIT: 45 MINUTEN

GARZEIT: 1 STUNDE 15 MINUTEN

TIPP

Pinkel sind eine grobe, geräucherte Wurstspezialität aus dem Nordwesten Deutschlands. Sollten Sie keine bekommen, nehmen Sie stattdessen polnische Würste. Auch Kasseler passt hervorragend in dieses Gericht.

Grünkohlsalat
mit Schinken und Ei

1 Den Grünkohl von den Stielen abstreifen, gründlich waschen und in einem Sieb abtropfen lassen. Den Kohl in mundgerechte Stücke teilen und in kochendem Salzwasser etwa 10 Minuten blanchieren. Abgießen, abschrecken und gut abtropfen lassen.

2 Die Zwiebel schälen und in feine Ringe schneiden. Die Gewürzgurken in feine Scheiben schneiden. Die Walnusskerne grob hacken. Die Peperoni putzen, waschen und in feine Ringe schneiden, dabei die Samen entfernen.

3 Die Eier schälen und achteln. Die Entenbrust in feine Scheiben schneiden.

4 Die Tomaten mit kochendem Wasser überbrühen, abschrecken, enthäuten, vierteln, die Samen entfernen und in kleine Würfel schneiden.

5 Für die Vinaigrette Essig, Salz, Pfeffer, Zucker und Olivenöl gründlich miteinander verrühren.

6 Den Grünkohl mit den Gewürzgurken, Zwiebel, Peperoni, Tomaten und Oliven in einer Schüssel mischen. Die Vinaigrette untermengen und den Salat etwa 15 Minuten ziehen lassen. Nochmals mit Salz und Pfeffer abschmecken. Auf Tellern anrichten, mit der Entenbrust und den Eiern garnieren und mit den Walnüssen bestreut servieren.

ZUTATEN FÜR 4 PERSONEN

500 g frischer Grünkohl · Salz

1 weiße Zwiebel · 4 Gewürzgurken

2 EL Walnusskerne

1 rote, milde Peperoni

2 Eier, hart gekocht

200 g geräucherte Entenbrust

2 Tomaten (gelb und rot)

40 g entsteinte schwarze Oliven

Für die Vinaigrette:

4 EL weißer Balsamico · Salz

frisch gemahlener Pfeffer · 1 Prise Zucker

6 EL Olivenöl

ZUBEREITUNGSZEIT: 30 MINUTEN
ZIEHZEIT: 15 MINUTEN

Pichelsteiner Eintopf

ZUTATEN FÜR 4 PERSONEN

250 g Rinderbrust

250 g Kalbsbrust

250 g Schweinehalsgrat

2 Markknochen

400 g mehlig kochende Kartoffeln

½ Knolle Sellerie

2 Zwiebeln

4 Karotten

2 Petersilienwurzeln

300 g Wirsing

2 EL ÖL

800 ml Fleischbrühe

Salz

frisch gemahlener Pfeffer

1 TL Kümmel

2 EL frisch gehackte Petersilie

ZUBEREITUNGSZEIT: 40 MINUTEN
GARZEIT: 1 STUNDE 40 MINUTEN

1 Den Backofen auf 180 °C (Ober- und Unterhitze) vorheizen.

2 Das Rind-, Kalb- und Schweinefleisch waschen und in mundgerechte Würfel schneiden. Das Mark aus den Knochen lösen und in Scheiben schneiden.

3 Die Kartoffeln, den Sellerie und die Zwiebeln schälen und würfeln. Die Karotten und die Petersilienwurzeln schälen und in Scheiben schneiden. Den Lauch der Länge nach halbieren, gründlich waschen, die Enden kürzen und die Lauchstangen in Ringe schneiden.

4 Vom Wirsing den Strunk herausschneiden und die Blätter in feine Streifen schneiden.

5 Das Öl in einem großen Topf erhitzen und die Fleischwürfel rundherum scharf anbraten. Herausnehmen und warm stellen. Die Hälfte der Markknochenscheiben auf den Topfboden legen, abwechselnd das Fleisch, die Kartoffeln und das Gemüse in Schichten darauflegen. Jede Lage mit Salz, Pfeffer und Kümmel bestreuen. Mit den restlichen Markscheiben abschließen. Die Fleischbrühe darübergießen. Alles im vorgeheizten Backofen zugedeckt 1,5 Stunden garen. Mit Petersilie bestreut servieren.

Frucht-
gemüse

Bunter Tomatensalat

ZUTATEN FÜR 4 PERSONEN

300 g gemischter Battsalat
(z. B. Lollo rosso, junge Spinat-
und Mangoldblätter, Rauke,
Kapuzinerkresse)

400 g gemischte Kirschtomaten
(rot, orange, gelb und grün)

4 EL Olivenöl

2 EL weißer Balsamicoessig

Salz

frisch gemahlener Pfeffer

ZUBEREITUNGSZEIT: 20 MINUTEN

1 Den Blattsalat verlesen, putzen, waschen und trocken schleudern.

2 Die Tomaten waschen, abtropfen lassen und nach Belieben halbieren oder vierteln. Kleinere Tomaten ganz lassen.

3 Die Blattsalate mit den Tomaten in einer Schüssel vermengen. Eine Vinaigrette aus Öl, Essig, Salz und Pfeffer rühren und den Salat damit beträufeln.

TIPP

Die unterschiedliche Farbe bei Tomaten wird meistens durch Züchtung erreicht, und nur wenige Tomatensorten sind von Natur aus grün. Auch im Geschmack unterscheiden sich die verschiedenen Tomatensorten. Andersfarbige Cocktailtomatensorten sind z. B. Bistro, Black Pear, Evita, Gelbe Mirabelle oder Gardeners Delight. Neuerdings werden auch wieder alte, fast vergessene Sorten kultiviert, die vor allem geschmacklich die neueren Zuchttomaten in den Schatten stellen können.
Überlegen Sie jedoch beim Kauf oder beim Anbau von Tomaten, wofür Sie sie verwenden möchten. Eine Salattomate hat andere Eigenschaften als eine, die zum Kochen geeignet ist. Im Salat macht sich z.B. Cœur de Bœuf, Victory oder die grün-gelb gestreifte Green Zebra sehr gut. Die Sorten Roma oder die grüne Evergreen eignen sich besonders für Chutneys und Relishes im Glas.

Gefüllte Tomaten
mit Salbei

1 Den Backofen auf 180 °C (Ober- und Unterhitze) vorheizen.

2 Die Tomaten waschen, den Deckel abschneiden und die Kerne herausschaben. Die Rauke und den Salbei waschen, trocken schütteln und beides fein hacken. Die Paprikaschoten waschen und halbieren. Die Kerne und die Scheidewände entfernen, die Paprikahälften dann fein würfeln.

3 Die Crème fraîche mit dem Frischkäse und dem Käse glatt rühren. Die Rauke, den Salbei, die Sonnenblumenkerne und die Paprikawürfel dazugeben und kräftig mit Salz und Pfeffer abschmecken. Die Tomaten mit dieser Mischung füllen und in ein mit Olivenöl ausgestrichenes Pfännchen oder eine Auflaufform setzen.

4 Im vorgeheizten Backofen etwa 20 Minuten backen. Die gefüllten Tomaten mit Salbeiblättchen garniert servieren.

ZUTATEN FÜR 4 STÜCK

4 große Fleischtomaten

½ Bund Rauke

4 Salbeiblätter

1 gelbe Paprika · 1 rote Paprika

1 EL Crème fraîche (mindestens 30 % Fett)

100 g Frischkäse

50 g frisch geriebener Greyerzer oder Bergkäse

2 EL Sonnenblumenkerne

Salz · frisch gemahlener Pfeffer

1 EL Olivenöl

Salbeiblättchen (zum Garnieren)

ZUBEREITUNGSZEIT: 25 MINUTEN
BACKZEIT: 20 MINUTEN

Tomaten-Hackfleisch-Auflauf
mit Käse

1 Die Kartoffeln waschen, in Salzwasser etwa 20 Minuten fast gar kochen, abgießen und schälen.

2 Den Ofen auf 180 °C Umluft vorheizen.

3 Das Brötchen in etwas warmem Wasser einweichen. Die Schalotte schälen und fein würfeln. Das gut ausgedrückte Brötchen, die Schalotte, das Hackfleisch und 1 Ei zu einem Teig verkneten. Diesen nach Belieben mit Salz, Pfeffer und etwas Paprikapulver würzen.

4 Die Tomaten kurz mit heißem Wasser überbrühen, abschrecken und enthäuten.

5 Eine Auflaufform mit Butter einfetten. Mit angefeuchteten Händen aus der Hackfleischmasse kleine Fleischklößchen formen. Die Kartoffeln, die Tomaten und die Fleischklößchen in die Auflaufform setzen.

6 Die Sahne mit den restlichen Eiern verquirlen, mit Salz sowie Pfeffer würzen und über den Auflauf gießen. Den Auflauf mit dem Käse bestreuen und im vorgeheizten Backofen etwa 40 Minuten goldbraun backen. Mit Schnittlauch bestreut servieren.

ZUTATEN FÜR 4 PERSONEN

600 g kleine Kartoffeln · Salz

1 Brötchen (vom Vortag)

1 Schalotte

350 g gemischtes Hackfleisch

4 Eier · frisch gemahlener Pfeffer

Paprikapulver

300 g Cocktailtomaten

Butter (für die Form)

400 ml Sahne (mindestens 30 % Fett)

100 g geriebener Gruyerzer

2 EL Schnittlauchröllchen

ZUBEREITUNGSZEIT: 25 MINUTEN
GARZEIT: 1 STUNDE

Tomatensuppe

ZUTATEN FÜR 4 PERSONEN

1 Schalotte

2 Knoblauchzehen

2 EL Olivenöl

600 g geschälte Tomaten
(aus der Dose)

400 ml Gemüsebrühe

Salz

frisch gemahlener Pfeffer

1 EL gehackter Oregano

4 Scheiben Weißbrot

30 g Butter

1 EL Oreganoblättchen
(zum Garnieren)

ZUBEREITUNGSZEIT: 25 MINUTEN
GARZEIT: 25 MINUTEN

1 Die Schalotte sowie den Knoblauch schälen und fein hacken. In einem Topf das Öl erhitzen und beides darin glasig anschwitzen.

2 Die Tomaten und die Brühe dazugießen. Mit Salz, Pfeffer und gehacktem Oregano abschmecken, dann die Suppe bei mittlerer Hitze 20 Minuten köcheln lassen.

3 Das Brot in kleine Stücke zerpflücken. Die Butter in einer Pfanne erhitzen und die Brotkrumen darin goldbraun anbraten.

4 Die Suppe noch einmal mit Salz und Pfeffer abschmecken, in vorgewärmte Schälchen füllen und mit den gerösteten Brotkrumen bestreuen. Mit Oreganoblättchen garniert servieren.

TIPP

Im Sommer bis in den frühen Herbst haben Tomaten Saison. Dann schmecken frische Tomaten auch schön aromatisch und süß, und Sie können für die Suppe frische Ware verwenden. Im Winter kann man auf Tomaten aus der Dose zurückgreifen. Allerdings gibt es in der Qualität der Konserventomaten erhebliche Unterschiede. Da heißt es dann: suchen und ausprobieren.

Gefüllte Gurken
mit Hackfleisch und Schafskäse

ZUTATEN FÜR 4 PERSONEN

4 Gartengurken (à etwa 250 g)

Butter (für die Form)

4 Tomaten

250 g Schafskäse

1 Schalotte

1 Knoblauchzehe

4 EL Olivenöl

600 g gemischtes Hackfleisch

Salz

frisch gemahlener Pfeffer

1 EL frisch gehackte Petersilie

1 EL frisch gehackter Basilikum

Petersilienblätter (zum Garnieren)

ZUBEREITUNGSZEIT: 30 MINUTEN
GAR- UND BACKZEIT: 35 MINUTEN

1 Den Backofen auf 200 °C (Ober- und Unterhitze) vorheizen.

2 Die Gurken schälen und der Länge nach halbieren. Mit einem Teelöffel die Kerne aus dem Inneren herausschaben. Eine Auflaufform mit Butter einfetten und die Gurkenhälften hineinlegen.

3 Die Tomaten mit heißem Wasser überbrühen, abschrecken und enthäuten. Dann vierteln, die Samen entfernen und das Fruchtfleisch in kleine Würfel schneiden. Den Schafskäse ebenfalls fein würfeln. Die Schalotte sowie den Knoblauch schälen und beides fein hacken.

4 In einer Pfanne 2 Esslöffel Öl erhitzen und den Knoblauch sowie die Schalotte darin glasig anschwitzen. Das Hackfleisch dazugeben, krümelig anbraten, dann die Tomatenwürfel und den Schafskäse unterrühren.

5 Die Pfanne vom Herd nehmen und die Hackfleischmasse mit Salz und Pfeffer abschmecken. Die Petersilie und den Basilikum untermischen.

6 Die Hackfleischmasse in die ausgehöhlten Gurken füllen und diese mit dem restlichen Öl beträufeln. Die Gurken im vorgeheizten Ofen etwa 25 Minuten backen, herausnehmen und mit Petersilie garniert servieren.

Gurkencocktail
mit Minze

1 Die Gurke waschen, die Enden abschneiden und die Gurken der Länge nach halbieren. Die Kerne mit einem Löffel aus dem Inneren herausschaben und die Gurkenhälften in kleine Würfel schneiden.

2 Die Minze waschen, trocken schütteln und einzelne Blättchen abzupfen.

3 Die Minze und die Gurkenwürfel zusammen mit dem Limettensaft, dem Orangensaft und dem Blue Curaçao in einem Mixer fein pürieren und durch ein feines Sieb passieren. Nach Belieben mit etwas Honig süßen und in kleinen Trinkflaschen servieren.

ZUTATEN FÜR 4 PERSONEN

½ unbehandelte Salatgurke

1 Bund Minze

1 EL Limettensaft

400 ml Orangensaft

50 ml Blue Curaçao

flüssiger Honig (nach Belieben)

ZUBEREITUNGSZEIT: 20 MINUTEN

Kalte Gurkensuppe
mit Krabben und Dill

1 Die Gurken schälen, die Enden abschneiden und der Länge nach halbieren. Mit einem Löffel die Kerne aus dem Inneren herausschaben und die Gurkenhälften in Stücke schneiden.

2 Den Knoblauch schälen und mit den Gurkenstücken in einem Mixer pürieren. Den Joghurt mit der Sahne, dem Zitronensaft, Salz und Pfeffer verrühren und die Masse zugedeckt 2 Stunden kalt stellen.

3 Den Dill waschen, trocken schütteln und abzupfen. Einige Spitzen zum Garnieren beiseitelegen, den Rest fein hacken und unter die Suppe ziehen.

4 Die Krabben waschen und trocken tupfen. Die Suppe auf Tassen verteilen und mit Krabben und Dill garniert servieren.

ZUTATEN FÜR 4 PERSONEN

600 g Salatgurken

2 Knoblauchzehen · 300 g Naturjoghurt

100 ml Sahne (mindestens 30 % Fett)

2 EL Zitronensaft

Salz · frisch gemahlener Pfeffer

1 Bund Dill

250 g Tiefseekrabben, gegart

ZUBEREITUNGSZEIT: 30 MINUTEN

Feurige Schmorgurken
mit Dill

ZUTATEN FÜR 4 PERSONEN

2 Salatgurken oder
4 kleine Gärtnergurken

1 Zwiebel

1–2 rote Chilischoten

3–4 Dillzweige

3 EL Olivenöl

100 ml Gemüsefond

Salz

2 EL Senfkörner

ZUBEREITUNGSZEIT: 30 MINUTEN
GARZEIT: 10 MINUTEN
ZIEHZEIT: 12 STUNDEN

1 Die Gurken schälen, die Enden abschneiden und der Länge nach halbieren. Mit einem Löffel die Kerne aus dem Inneren herausschaben, dann die Gurkenhälften der Länge nach vierteln und in etwa 5 cm lange Stücke schneiden.

2 Die Zwiebel schälen und hacken. Die Chilischoten entkernen und in Streifen schneiden. Den Dill waschen und hacken. 2–3 EL Öl in einer Pfanne erhitzen und die Zwiebel darin sanft andünsten. Die Gurken dazugeben und kurz bei mittlerer Hitze mitdünsten.

3 Den Fond angießen und die Gurken zugedeckt bei mittlerer Hitze 5–6 Minuten schmoren. Mit Salz abschmecken. Chili und Senfkörner unterrühren. In der offenen Pfanne etwa 1 Minute weiterköcheln lassen. Abschließend den Dill und 1 Esslöffel Öl untermischen.

4 Die Schmorgurken über Nacht zugedeckt durchziehen lassen. Am nächsten Tag kalt servieren.

TIPP

Sie können die Schmorgurken auch länger haltbar machen: Füllen Sie sie in mit heißem Wasser ausgewaschene Einmachgläser. Kochen Sie aus 750 ml Wasser, 750 ml Weißweinessig, 30 g Salz und 100 g Zucker einen Sud. Gießen Sie diesen heiß über die Gurken und kochen Sie die Gläser anschließend ein (siehe Seite 100).

Kürbis aus dem Ofen

ZUTATEN FÜR 4 PERSONEN

60 g Butter

800 g Kürbis (z. B. Muskatkürbis)

½ Bund Schnittlauch

Fett (für das Blech)

1–2 TL Zimtpulver

Meersalz

ZUBEREITUNGSZEIT: 15 MINUTEN
GARZEIT: 30 MINUTEN

1 Den Backofen auf 200 °C (Ober- und Unterhitze) vorheizen.

2 Die Butter in einem kleinen Topf zerlassen. Den Kürbis schälen, halbieren und Kerne sowie Fäden entfernen. Das Fruchtfleisch in mundgerechte Stücke schneiden. Den Schnittlauch waschen, trocken schütteln und in Röllchen schneiden.

3 Den Kürbis auf einem gefetteten Backblech verteilen, mit der zerlassenen Butter beträufeln, mit Zimt und Meersalz bestreuen und im vorgeheizten Ofen 25–30 Minuten garen. Dabei einmal wenden. Die Kürbisstücke aus dem Ofen nehmen, in Schälchen anrichten und vor dem Servieren mit Schnittlauchröllchen bestreuen.

TIPP

Dieses unkomplizierte Kürbisgericht eignet sich hervorragend als Beilage zu Gebratenem. Wenn Sie Fleisch im Ofen garen, können Sie den Kürbis mit auf das Blech oder in den Bräter geben. Achten Sie jedoch auf die Garzeit. Wenn das Fleisch länger als 30 Minuten im Ofen sein soll, den Kürbis erst später dazugeben. Variieren Sie je nach Rezept die Gewürze. Sie können auch Rosmarin, Thymian, Paprikapulver oder Honig verwenden.

Kürbis-Champignon-
Gemüse mit Hähnchen

ZUTATEN FÜR 4 PERSONEN

1 Brathähnchen, küchenfertig
(etwa 1,2 kg)

400 g Kürbis (z. B. Muskatkürbis)

200 g frische Champignons

1 Knoblauchzehe

1 Schalotte

Salz

frisch gemahlener Pfeffer

20 g Butterschmalz

Butter (für die Form)

150 ml trockener Weißwein

150 ml Geflügelbrühe

Petersilienblättchen
(zum Garnieren)

ZUBEREITUNGSZEIT: 35 MINUTEN
GARZEIT: 40 MINUTEN

1 Den Backofen auf 180 °C (Ober- und Unterhitze) vorheizen.

2 Das Hähnchen waschen, trocken tupfen und in acht Teile zerlegen.

3 Den Kürbis schälen und von Kernen und Fäden befreien. Das Fruchtfleisch in mundgerechte Würfel schneiden. Die Pilze putzen und halbieren. Den Knoblauch und die Schalotte schälen, beides fein hacken.

4 Die Hähnchenteile mit Salz und Pfeffer würzen. Das Butterschmalz in einer heißen Pfanne zerlassen. Die Hähnchenteile rundherum kurz anbraten, herausnehmen und in eine gefettete Auflaufform legen.

5 Die Schalotte und den Knoblauch in der Pfanne andünsten. Den Kürbis und die Pilze dazugeben, kurz mitschwitzen und alles mit dem Wein ablöschen. Die Brühe angießen, mit Salz und Pfeffer würzen und die Kürbis-Pilz-Mischung zu dem Hähnchen in die Auflaufform geben.

6 Die Hähnchenteile und das Kürbisgemüse im vorgeheizten Ofen in 25–30 Minuten fertig garen. Mit Petersilienblättchen garniert servieren.

Kürbisschnitzel

1 Den Kürbis schälen, halbieren, Kerne und Fäden entfernen und in 5 mm dicke Scheiben schneiden. Die Scheiben von beiden Seiten mit Meersalz bestreuen und 30 Minuten ruhen lassen, damit die Flüssigkeit entzogen wird. Die Kürbisscheiben mit Küchenkrepp trocken tupfen, dann mit Pfeffer und Muskat würzen.

2 Die Eier mit den Kräutern verquirlen. Den Kürbis zuerst in Mehl, dann in den Eiern wenden. Das Butterschmalz in einer Pfanne zerlassen und die Kürbisschnitzel darin langsam bei mittlerer Hitze von beiden Seiten goldbraun braten.

3 Aus dem Öl, dem Essig, Salz und Pfeffer eine Vinaigrette rühren. Die fein gehackten Radieschen dazugeben und alles über die fertigen Kürbisschnitzel träufeln. Nach Belieben mit frischen Kräutern garnieren und servieren.

ZUTATEN FÜR 4 PERSONEN

800 g Kürbis (z. B. Hokkaido)

feines Meersalz · frisch gemahlener Pfeffer

frisch geriebene Muskatnuss · 2–3 Eier

3–4 EL gemischte, gehackte Kräuter
(z. B. Borretsch, Dill, Petersilie)

Mehl (zum Panieren)

2 EL Butterschmalz (zum Braten)

4 EL Olivenöl · 2 EL Weißweinessig

4 Radieschen, fein gehackt

ZUBEREITUNGSZEIT: 30 MINUTEN
RUHEZEIT: 30 MINUTEN

Kürbis-Weißwein-Kompott

1 Den Kürbis halbieren, schälen, von Kernen und Fäden befreien. Das Fruchtfleisch mit einem Sparschäler in Streifen schneiden.

2 Die Vanilleschote der Länge nach halbieren und quer teilen. Den Ingwer schälen und fein reiben.

3 Die Gläser mit heißem Wasser gründlich auswaschen. Den Kürbis mit dem Ingwer in die Gläser geben.

4 In einem Topf 300 ml Wasser gemeinsam mit dem Zucker zum Kochen bringen. Das Zuckerwasser so lange köcheln lassen, bis sich der Zucker aufgelöst hat. Den Weißwein aufgießen und die Gewürznelken, den Sternanis sowie die Zimtstangen dazugeben. Alles kurz ziehen lassen und die heiße Flüssigkeit in die Gläser mit dem Kürbis gießen.

5 Die Gläser mit dem Deckel verschließen und in einem großen Topf in 1 Liter heißem Wasser 20 Minuten einkochen lassen. Die Gläser an einem dunklen und kühlen Ort lagern.

ZUTATEN FÜR 4 GLÄSER À 250 ML

1 kg Kürbis (z. B. Muskatkürbis)

1 Vanilleschote

1 Stück frischer Ingwer (2 cm)

300 g Zucker

500 ml trockener Weißwein

4 Gewürznelken

1 Sternanis

2 Zimtstangen

ZUBEREITUNGSZEIT: 30 MINUTEN
GARZEIT: 30 MINUTEN

TIPP

Das Kürbis-Weißwein-Kompott hält sich im Kühlschrank mindestens 4 Wochen.

Gefüllte Zucchini
mit Reis und Hackfleisch

ZUTATEN FÜR 4 PERSONEN

4 Zucchini

400 g Tomaten

1 Zwiebel

2 EL Olivenöl

2 Knoblauchzehen

400 g gemischtes Hackfleisch

1 EL Thymianblättchen

125 g Langkornreis, gekocht

Salz

frisch gemahlener Pfeffer

20 g Butter (für die Form)

60 g Greyerzer, gerieben

50 g Butter, in Flöckchen

400 ml Fleischbrühe

4 EL Crème fraîche

ZUBEREITUNGSZEIT: 30 MINUTEN
GARZEIT: 40 MINUTEN

1 Den Backofen auf 180 °C (Ober- und Unterhitze) vorheizen.

2 Die Zucchini waschen, putzen, der Länge nach halbieren und mit einem Löffel die Kerne entfernen. Dabei einen etwa 8 mm dicken Rand stehen lassen.

3 Die Tomaten waschen, vierteln und die Samen entfernen. Die Tomaten in Würfel schneiden. Die Zwiebel schälen und würfeln. Das Olivenöl in einer Pfanne erhitzen und die Zwiebel darin glasig anschwitzen. Den Knoblauch schälen, durch eine Knoblauchpresse drücken und zur Zwiebel geben. Die Pfanne mit der Zwiebel-Knoblauch-Mischung vom Herd nehmen und etwas abkühlen lassen.

4 Das Hackfleisch in einer Schüssel mit den Tomatenwürfeln, der Zwiebel-Knoblauch-Mischung, dem Thymian und dem gekochten Reis vermengen. Die Masse mit Salz und Pfeffer würzen.

5 Eine Auflaufform mit Butter einfetten. Die Zucchini mit der Hackfleischmasse füllen und in die Auflaufform setzen. Den Käse und auch die Butterflöckchen auf die Zucchini verteilen. Die Brühe angießen und die gefüllten Zucchini im vorgeheizten Backofen etwa 30 Minuten garen.

6 Die fertigen Zucchini aus der Form nehmen und auf einer vorgewärmten Platte anrichten. Den Fond in einen Topf gießen, mit der Crème fraîche verrühren, aufkochen und reduzieren lassen. Mit Salz und Pfeffer abschmecken. Etwas Sauce über die Zucchini geben und den Rest separat dazu servieren.

TIPP

Servieren Sie Brot als Beilage zu den Zucchini. So können Sie die restliche Sauce perfekt genießen. Eine andere Möglichkeit: Kochen Sie etwas mehr Reis, als für die Zucchinifüllung nötig, und reichen Sie ihn als Beilage.

Zucchiniomelett

ZUTATEN FÜR 4 PERSONEN

Für die Zucchini:

2 Zucchini

2 EL Olivenöl

Salz

frisch gemahlener Pfeffer

Für die Omeletts:

120–150 g Hartkäse
(z. B. Bergkäse)

8 Eier

70–80 ml Milch

Salz

frisch gemahlener Pfeffer

30 g Butterschmalz
(zum Ausbacken)

Basilikum (zum Garnieren)

Petersilie (zum Garnieren)

ZUBEREITUNGSZEIT: 20 MINUTEN
GARZEIT: 30 MINUTEN

1 Den Backofen auf 100 °C (Ober- und Unterhitze) zum Warmstellen einschalten.

2 Die Zucchini waschen und der Länge nach in sehr dünne Scheiben schneiden. Etwas Öl in einer Pfanne erhitzen und die Scheiben darin von beiden Seiten goldbraun braten. Dann die Zucchini mit Salz und Pfeffer würzen und warm stellen.

3 Für die Omeletts den Käse reiben. Die Eier mit der Milch, etwas Salz und Pfeffer sowie dem Käse verquirlen. Etwas Butterschmalz in der Pfanne erhitzen, ein Viertel der Eimasse hineingießen und das Omelett bei mittlerer Hitze rasch stocken lassen. Das feste Omelett so schnell wie möglich mit Zucchinscheiben belegen, aus der Pfanne nehmen und im vorgewärmten Backofen warmstellen.

4 Aus der übrigen Eimasse und den restlichen Zucchinischeiben genauso drei weitere Omeletts ausbacken. Die Zucchiniomeletts vor dem Servieren nach Belieben mit Basilikum und Petersilie garnieren.

Zucchini-Auberginen-
Röllchen mit Rosmarin

ZUTATEN FÜR 4 PERSONEN

2 Zucchini

2 kleine Auberginen

25 g Kapern

80 g getrocknete Tomaten,
in Öl eingelegt

500 g Frischkäse
(10 % Fett)

3 Eigelb

1 EL Weinessig

1 TL frisch gehackter Rosmarin

Salz

frisch gemahlener Pfeffer

Pflanzenöl (für die Form)

einige Zweige Rosmarin

ZUBEREITUNGSZEIT: 25 MINUTEN
GRATINIERZEIT: 25 MINUTEN

1 Den Ofen auf 200 °C (Ober- und Unterhitze) vorheizen.

2 Die Zucchini und die Auberginen putzen, waschen und längs in dünne Scheiben schneiden. Die Kapern hacken. Die Tomaten abtropfen lassen, dabei etwas Öl auffangen, dann fein würfeln.

3 Den Frischkäse mit den Eigelben, dem Essig, dem Rosmarin, den Kapern- und den Tomatenwürfeln vermischen und mit Salz und Pfeffer abschmecken.

4 Die Käsecreme gleichmäßig auf die Gemüsescheiben streichen. Die Scheiben aufrollen und nebeneinander in eine mit wenig Öl eingefettete Auflaufform setzen. Die Rosmarinzweige zwischen die Röllchen stecken und im vorgeheizten Backofen 20–25 Minuten gratinieren.

Hülse &
Schale

Grüne Bohnen
mit Schweinefleisch

ZUTATEN FÜR 4 PERSONEN

600 g Schweinelende

1 Stück Ingwer (etwa 3 cm)

2 Knoblauchzehen

1 EL Honig

5–6 EL Balsamicoessig

Cayennepfeffer

250 g Stangenbohnen

250 g Brechbohnen

Salz

3 EL Sesamöl

1 EL frisch gehackter Koriander
oder Bohnenkraut

ZUBEREITUNGSZEIT: 35 MINUTEN
ZIEHZEIT: 30 MINUTEN
GARZEIT: 15 MINUTEN

1 Die Schweinelende waschen, trocken tupfen und in etwa 1,5 cm große Würfel schneiden. Den Ingwer schälen und in feine Streifen schneiden. Den Knoblauch schälen und fein hacken.

2 Den Ingwer mit Knoblauch, Honig, 5 Esslöffeln Essig und etwas Cayennepfeffer verrühren und unter das Schweinefleisch mengen. Zugedeckt etwa 30 Minuten kalt stellen und ziehen lassen.

3 Beide Bohnensorten putzen, waschen und in Salzwasser in 6–8 Minuten bissfest kochen. Abschrecken, abtropfen lassen und die Bohnen in etwa 2 cm große Stücke schneiden.

4 Das Fleisch im heißen Öl 3–4 Minuten anbraten, mit den Bohnen vermischen, mit Essig abschmecken und mit Koriander oder Bohnenkraut vermengt servieren.

Würstchen-Bohnen-Pfännchen
mit Spinat

1 Den Knoblauch sowie die Zwiebel schälen und beides fein würfeln. Die Paprika abtropfen lassen und in mundgerechte Stücke schneiden. Die Bohnen waschen und abtropfen lassen. Den Spinat verlesen, waschen und trocken schütteln.

2 In einer Pfanne die Zwiebel- und Knoblauchwürfel in heißem Öl anschwitzen. Den Spinat hinzufügen und zusammenfallen lassen. Paprika und Bohnen untermengen. Das Gemüse einige Minuten gar ziehen lassen und mit Salz und Pfeffer abschmecken.

3 Die Würstchen in einer weiteren Pfanne in heißem Schmalz von allen Seiten braun anbraten, in etwa 3 cm lange Stücke schneiden und unter die Gemüsepfanne mischen. Sofort servieren.

ZUTATEN FÜR 4 PERSONEN

2 Knoblauchzehen · 1 Zwiebel

200 g eingelegte rote Paprika (aus dem Glas)

400 g weiße Bohnen (aus der Dose)

250 g frischer Blattspinat

2 EL Olivenöl

Salz · frisch gemahlener Pfeffer

6 Bratwürste

20 g Butterschmalz

ZUBEREITUNGSZEIT: 20 MINUTEN
GARZEIT: 10 MINUTEN

Birne, Bohnen, Speck

1 Die Bohnen putzen, waschen und gegebenenfalls die Fäden abziehen.

2 Die Birnen schälen, vierteln und die Zitrone darüber auspressen.

3 Den Speck in Streifen schneiden. In einem Topf die Butter erhitzen, den Speck zugeben und knusprig braten. Mit der Brühe aufgießen, die Birnen, Bohnen und etwas Bohnenkraut zugeben.

4 Alles im geschlossenen Topf etwa 15 Minuten dünsten und servieren.

ZUTATEN FÜR 4 PERSONEN

500 g grüne Brechbohnen

4 reife Birnen · 1 unbehandelte Zitrone

250 g Speck · 1 EL Butter

250 ml Gemüsebrühe

frisches Bohnenkraut

ZUBEREITUNGSZEIT: 30 MINUTEN
GARZEIT: 15 MINUTEN

TIPP

Als Beilage passen sehr gut Petersilienkartoffeln. Dafür 600 g Kartoffeln schälen, bei Bedarf halbieren und in Salzwasser 25–30 Minuten garen. 2 Esslöffel Petersilie darüberstreuen und zu dem Birne-Bohnen-Speck-Eintopf servieren.

Dicke-Bohnen-Salat
mit Walnüssen

ZUTATEN FÜR 4 PERSONEN

3 Frühlingszwiebeln

800 g frische Dicke Bohnen,
geschält

Salz

2 EL Zitronensaft

100 g Walnusskernhälften

2 EL Zesten von
1 unbehandelten Zitrone

75 g Emmentaler (am Stück)

frisch gemahlener Pfeffer

Schnittlauchhalme
(zum Garnieren)

ZUBEREITUNGSZEIT: 25 MINUTEN

1 Die Frühlingszwiebeln putzen, waschen das Weiße fein hacken und das Grüne in dünne Ringe schneiden.

2 Die Bohnen waschen, trocken schütteln und in reichlich kochendem Salzwasser 5–6 Minuten garen. Kurz vor Ende der Garzeit die Frühlingszwiebeln zugeben. Beides in ein feines Sieb abseihen und mit dem Zitronensaft in eine Schüssel geben.

3 Die Nüsse grob hacken und in einer Pfanne ohne Zugabe von Fett leicht anrösten. Herausnehmen und beiseitelegen.

4 Die Nüsse zusammen mit den Zitronenzesten zu den Bohnen geben, alles gut vermengen. Den Emmentaler grob darüberbröseln und unterheben. Den Salat mit Salz und Pfeffer herzhaft abschmecken, in Schüsseln anrichten und mit dem Schnittlauch garniert servieren.

Linsensuppe

ZUTATEN FÜR 4 PERSONEN

300 g Tellerlinsen

200 g Knollensellerie

2 Karotten

1 Zwiebel

2 Lorbeerblätter

2 EL Butter

2 EL Mehl

Salz

frisch gemahlener Pfeffer

2–3 EL Weinessig

8 Frankfurter Würstchen

Petersilie (zum Garnieren)

EINWEICHZEIT: 12 STUNDEN
ZUBEREITUNGSZEIT: 20 MINUTEN
GARZEIT: 45 MINUTEN

1 Die Linsen über Nacht einweichen lassen. Den Sellerie, die Karotten und die Zwiebel schälen und alles klein würfeln.

2 In einem Topf etwa 700 ml Wasser aufkochen lassen. Das gewürfelte Gemüse und die abgetropften Linsen sowie die Lorbeerblätter zugeben. Zugedeckt alles etwa 30 Minuten bei niedriger Hitze köcheln lassen. Ab und zu umrühren und bei Bedarf noch etwas Wasser angießen.

3 In einem kleinen Topf die Butter schmelzen, das Mehl dazugeben und hellbraun anschwitzen. Etwas Kochwasser von den Linsen abnehmen und einrühren. Diese Einbrenne dann in die Linsensuppe rühren und weitere 10 Minuten offen leise köcheln lassen, bis die Suppe leicht andickt.

4 Die Suppe mit Salz, Pfeffer und Essig abschmecken. Die Würstchen einlegen und etwa 5 Minuten in der Suppe heiß werden lassen. Mit Petersilie garniert servieren.

Linsengemüse
mit Pfifferlingen und Blumenkohl

ZUTATEN FÜR 4 PERSONEN

250 g Tellerlinsen

400 g Blumenkohlröschen

Salz

1 TL Kurkumapulver

300 g Pfifferlinge

1 Zwiebel

2 Knoblauchzehen

2 Karotten

4 EL Olivenöl

etwa 400 ml Gemüsebrühe

1 EL frisch gehackte Petersilie

1–2 EL Weißweinessig

frisch gemahlener Pfeffer

ZUBEREITUNGSZEIT: 25 MINUTEN
GARZEIT: 45 MINUTEN

1 Die Linsen waschen und abtropfen lassen. Den Blumenkohl waschen und in Salzwasser zusammen mit der Kurkuma etwa 6 Minuten bissfest kochen. Abgießen und abtropfen lassen.

2 Die Pfifferlinge putzen und je nach Größe ganz lassen oder halbieren. Die Zwiebel, den Knoblauch sowie die Karotten schälen und alles klein würfeln. Das gesamte Gemüse bis auf die Pilze in einem Topf in 2 Esslöffeln heißem Öl anschwitzen und mit der Brühe ablöschen. Die Linsen zugeben und unter gelegentlichem Rühren etwa 40 Minuten leise köcheln lassen. Nach Bedarf noch etwas Brühe hinzufügen.

3 In einem weiteren Topf die Pilze im restlichen heißen Öl anbraten. Die angebratenen Pilze mit dem Blumenkohl und der Petersilie unter das Linsengemüse mengen und 1–2 Minuten heiß werden lassen. Mit Essig, Salz und Pfeffer abschmecken und servieren.

Erbsensuppe

ZUTATEN FÜR 4 PERSONEN

400 g Erbsen (frisch geschält)

Salz

2 Frühlingszwiebeln

200 g mehlig kochende Kartoffeln

2 EL Butter

125 ml trockener Weißwein

800 ml Gemüsebrühe

100 ml Sahne (mindestens 30 % Fett)

1–2 TL frisch geriebener Meerrettich

frisch gemahlener Pfeffer

1 Spritzer Zitronensaft

½ TL Paprikapulver

½ TL Öl

2 EL Backerbsen

1 EL fein gehackte Basilikumblätter

ZUBEREITUNGSZEIT: 35 MINUTEN
GARZEIT: 25 MINUTEN

1 Die Erbsen etwa 5 Minuten in Salzwasser kochen. Sie sollen noch knackig sein. Dann die Erbsen herausnehmen und abtropfen lassen. Die Frühlingszwiebeln putzen, waschen und in feine Ringe schneiden. Die Kartoffel schälen und fein würfeln.

2 In einem Topf die Butter erhitzen und darin Zwiebeln und Kartoffeln andünsten. Die Erbsen dazugeben und kurz mitdünsten. Mit dem Wein ablöschen, mit der Brühe aufgießen und zugedeckt etwa 15 Minuten köcheln lassen. Die Sahne mit dem Meerrettich verrühren.

3 Einige Erbsen aus der Suppe nehmen. Dann die Suppe pürieren und durch ein Sieb streichen. Anschließend die Meerrettichsahne in die Suppe einrühren. Die Suppe wieder erhitzen und die ganzen Erbsen dazugeben. Abschließend mit Salz, Pfeffer und Zitronensaft abschmecken. Die Suppe auf Schüsseln verteilen.

4 Für die Garnitur Paprikapulver und Öl glatt verrühren und kleine Muster (am besten mit einem Holzstäbchen) in die Suppe ziehen. Mit Backerbsen und Basilikum bestreut servieren.

Erbseneintopf

ZUTATEN FÜR 4 PERSONEN

300 g Erbsen (frisch geschält)

1 Stange Lauch

½ Knolle Sellerie, mit Grün

1 Knoblauchzehe

400 g vorwiegend festkochende Kartoffeln

2 EL Butter

2 Zweige Thymian

1 l Fleischbrühe

2 Lorbeerblätter · 1 TL Pfefferkörner

3 Wacholderbeeren

100 g Speck

Salz · frisch gemahlener Pfeffer

ZUBEREITUNGSZEIT: 25 MINUTEN
GARZEIT: 30 MINUTEN

1 Die frischen Erbsen gründlich waschen und abtropfen lassen.

2 Den Lauch der Länge nach halbieren, putzen, gründlich waschen und in Streifen schneiden. Den Sellerie waschen, das Grün entfernen, trocken schütteln, fein hacken und beiseite stellen. Die Knolle schälen und in Würfel schneiden. Die Knoblauchzehe schälen und fein hacken. Die Kartoffeln schälen und in mundgerechte Stücke schneiden.

3 In einem großen Topf die Butter erhitzen und darin das Gemüse (bis auf das Selleriegrün und die Erbsen) mit den Thymianzweigen andünsten und mit der Brühe aufgießen.

4 Die Lorbeerblätter, die Pfefferkörner und die Wacholderbeeren in ein Teei füllen und zum Eintopf geben. Alles bei mittlerer Hitze im geschlossenen Topf 20 Minuten leise köcheln lassen. In der Zwischenzeit den Speck in dünne Streifen schneiden.

5 Nach Ende der Garzeit die Erbsen, die Hälfte von dem Selleriegrün sowie den Speck zugeben und weitere 10 Minuten garen. Das Teeei und die Thymianzweige entfernen und die Suppe mit Salz und Pfeffer abschmecken. Alles auf vorgewärmte Suppenteller verteilen und mit dem restlichen Selleriegrün bestreut servieren.

Erbseneierkuchen

1 Den Backofen auf 200 °C (Ober- und Unterhitze) vorheizen.

2 Die Schalotte und den Knoblauch schälen, beides fein hacken. Die Raukenblätter verlesen, waschen und trocken schütteln. Die Erbsen etwa 5 Minuten in Salzwasser kochen, anschließend abtropfen lassen.

3 Die Eier in einer Schüssel aufschlagen und mit der Sahne grob verquirlen, dabei mit Salz und Pfeffer würzen.

4 In einer Pfanne die Schalotten und den Knoblauch in heißem Öl glasig dünsten. Die Erbsen untermischen und kurz mitdünsten. Die Eier zugeben und kurz anstocken lassen.

5 Die Pfanne in den vorgeheizten Backofen stellen und den Erbseneierkuchen 15–20 Minuten goldbraun backen. Herausnehmen, in Stücke schneiden und mit Rauke garniert servieren.

ZUTATEN FÜR 4 PERSONEN

1 Schalotte

1 Knoblauch

½ Bund Rauke

400 g Erbsen (frisch geschält)

Salz

6 Eier

150 ml Sahne (mindestens 30 % Fett)

frisch gemahlener Pfeffer

1–2 EL Olivenöl

ZUBEREITUNGSZEIT: 30 MINUTEN
GARZEIT: 25 MINUTEN

Register

Bildnachweis

Die Fotografien wurden von der StockFood GmbH zur Verfügung gestellt mit Genehmigung von:

Arras, K. 39, 43, 75, 113, 119 – BBS 19, 21, 37, 116, 169, 177 – Bender, Uwe 47, 61 – Bischof, Harry 11, 41, 28, 85, 87, 109 – Blavarg, Susanna AB 115 – Brachat, Oliver 7, 67 – Bronze Photography 27 – Carlott, Caspar 29, 129 – Cazals, Jean 141, Cover Rücken/3 – Cimbal, Walter 103 – CIROWO 147 – Colwell, Tanya 26, 120 – Crudo, George 12 – Deimling Ostrinsky, Achim 25, 45, 83, 94, 145, Cover Rücken/2 – Drool Ltd, William Lingwood 127 – Eckhardt, Sandra 144 – Eising Studio/Food Photo & Video 5, 16, 20, 33, 40, 73, 93, 95, 101, 124, 125, 133, 161, 171, 179 – Eriksson, Ingvar AB 27 – Finley, Marc O. 8, 63, 65 – Firmston, Victoria 73, 89 – Gallo Images Pty Ltd. 59, 151 – Gong, Leo 35 – Great Stock! 27 – Hailight 76, 138 – Hammond, Francis 121 – Heinze, Winfried 79, 86, 97, 166, Cover Rücken/1 – Jarry, Marie Jos´é 51 – Jon Edwards Photography 162 – Kneschke, Robert 134 – Krieg, Roland 35, 52, 107, 149 – Löscher, Sabine 172 – Laurange 34 – Leoni, Ira 13 – Lindeblad, Matilda 15 – Lutterbeck, Barbara 100, – Meuth, Martina 173 – Newedel, Karl Cover, 17, 69, 77, 107, 130, 154, 175 – Paul, Michael 73 – Paulette Phlipot Photography/FC 173 – Pfisterer, Walter 84 – Pousette, Ulrika 159 – Rees, Peter 173, 139 – Roche, Amélie 50 – Rua Castilho 22, 49, 55, 56, 57, 60, 72, 121, 149, 153, 165, 178 – Rynio, J. 30, 143 – Scarlini, Giorgio 155 – Schindler, Martina 81 – Schmid, Ulrike 105 – Schwarzwald, Oliver 167 – Seper, George 110 – Solzberg, David 137 – Stürmer GmbH, Thorsten 106 – Stiepel, Kai 157 – Teubner Foodfoto GmbH 23, 31, 68, 114, 117, 131 – TH Foto 149 – Wenz, Achim 148 – Westermann, Jan – Peter 71, 111, 123 – Zogbaum, Armin 90

In gleicher Reihe erschienen ...

ISBN 978-3-86244-041-2

Verwöhnen Sie Familie und Gäste mit den besten Landfrauen-Kuchen und neuen Klassikern, bei denen erntefrische Sommerfrüchte die Hauptrolle spielen!

ISBN 978-3-86244-042-9

Die schönsten Sommerideen aus der Landküche zum Schlemmen und Genießen, fürs Grillfest, die Gartenparty oder ein Picknick im Grünen.

ISBN 978-3-86244-074-0

Mit hausgemachten Delikatessen aus der Landküche bereiten Sie nicht nur sich selbst, sondern auch Gästen lange Freude.

ISBN 978-3-86244-073-3

Im Winter haben deftige Gerichte Hochsaison. »Lust auf Land« präsentiert winterliche Genüsse, die einem das Herz wärmen und das Wasser im Mund zusammen laufen lassen.

ISBN 978-3-86244-123-5

Ob mit Schwein, Rind oder Lamm, Wild oder Geflügel: Diese 100 Landhausrezepte werden die Familie ebenso begeistern wie Ihre Gäste.

CHRISTIAN

www.christian-verlag.de

Alles, was das Leben schön macht.

Die besten Ideen kommen vom Land.